Martin Orack

Neiiiin nicht zu Mama Band 3

Keine Chance für den Vater

© 2014 Martin Orack

Herstellung und Verlag:
BoD – Books on Demand, Norderstedt
ISBN 9783734748639

Martin Orack

Neiiiin nicht zu Mama

Band 3

Keine Chance für den Vater

Am Montag der vierunddreißigsten Woche des Wechselmodells kommt die Stellungnahme vom Anwalt zum Eilverfahren, er hat den Text des Großvaters im wesentlichen übernommen und fordert die Ablösung der Verfahrensbeistands-Anwältin und das Aufenthaltsbestimmungsrecht für den Vater.

Das Gericht hat in seinen Gründen Bezug genommen auf einen Bericht der Verfahrensbeistands-Anwältin.
Hier muss zunächst die Verletzung des Rechts auf rechtliches Gehör gerügt werden, das Gericht hat für seine Entscheidung den Bericht verwendet, ohne dass der dem Unterzeichner vorher zur Stellungnahme zugesandt worden ist.
Außerdem ist nicht ersichtlich, dass die Verfahrensbeistands-Anwältin auch in dem Verfahren betreffend der einstweiligen Anordnung gestellt wurde, hier ist jedenfalls ein Bestellungsbeschluss nicht eingegangen.
Es ist nicht richtig, dass der Vater nicht für einen Kindergartenplatz gesorgt hat: schon lange gibt es eine Zusage des Kindergartens in B.. Dieser wurde noch vor der Trennung gemeinsam von den Eltern beantragt. Die Anmeldung wurde kürzlich erneuert. Dieses hatte der Kindesvater der Verfahrensbeistands-Anwältin gesagt, die hat es jedoch unterlassen, diese Information dem Gericht weiterzugeben. Dadurch wurde das Gericht zu einer fehlerhaften Entscheidung veranlasst.
Da die Verfahrensbeistands-Anwältin offensichtlich bewusst Informationen unterdrückt hat, die sie vom Vater erhalten hat, kann nicht mehr von ihrer Unparteilichkeit ausgegangen werden.

Es bleibt unergründlich, warum das nicht vom Gericht nachgefragt wurde und warum es die Verfahrensbeistands-Anwältin nicht erwähnt, obwohl es vom Vater mitgeteilt wurde.

Da es also sowohl beim Vater in B. als auch bei der Mutter in W. zeitnah einen Kindergartenplatz nach dem Termin des Hauptverfahrens gibt, gibt es tatsächlich kein dringendes Regelungsbedürfnis, und die Zustimmung des Vaters zu einem Wechsel von B. nach W. kann bei den vorliegenden Bedingungen und zum jetzigen Zeitpunkt nicht erwartet werden, stellt tatsächlich nichts als eine unbegründete Vorentscheidung dar.
Es besteht derzeit keine Gefahr, dass vor dem Hauptverfahren einer der beiden Kindergartenplätze aufs Spiel gesetzt wird.
Der Verzicht auf eine Anhörung des Vaters und die alleinige Verwendung der Aussagen der Mutter kann nicht mit einer Eilbedürftigkeit begründet werden, die gar nicht vorliegt.
Bei gleichwertig vorhandenen Kindergartenplätzen an beiden Wohnorten der Eltern stellt der Beschluss sehr wohl eine Vorwegnahme des Hauptverfahrens ohne Anhörung dar.
Im Folgenden sollen Ausführungen sowohl für das Verfahren betreffend die einstweilige Anordnung als auch das Hauptsacheverfahren gemacht werden:
Zunächst ist festzustellen, dass zwar außer mit den Eltern auch ein Gespräch mit dem neuen Lebensgefährten der Mutter stattfand, nicht aber mit dem Großvater von Moritz, der diesem eine wichtige Bezugsperson seit der Geburt ist.

Ebenso ist festzustellen, dass die Verfahrensbeistands-Anwältin zwar ein Gespräch mit Moritz im Beisein der Mutter geführt hat, das gleiche aber beim Vater ausdrücklich abgelehnt hat mit der Begründung, das Kind sei noch zu jung für eine Befragung. Das ruhige Verhalten Moritz bei der Mutter und ihrem Partner zeigt in erster Linie die vorhandene Unterdrückung dieses aufgeweckten und lebhaften Kindes in dieser Umgebung.

Die Stellungnahme enthält sachliche Fehler und ist unvollständig. Es werden – zu Ungunsten des Vaters – vorhandene Informationen weggelassen oder falsch betont.

Der Großvater war bei jeder Übergabe von Moritz zwischen den Eltern anwesend. Von Schlammschlachten kann keine Rede sein, es gab bestenfalls unvermeidbare Diskussionen über die medizinische Versorgung von Moritz und darüber, dass monatelang Post für die Mutter und ihren Bruder beim Vater einging, eine Adressänderung oder ein Nachsendeantrag wohl nicht erfolgten und dass anschließend viel Post für den Vater bei der Mutter eintraf, weil sie ihn bei Absendern auf ihre Adresse umgemeldet hatte. Eine Begründung dafür blieb sie schuldig, sie verursachte damit allerdings Mahnungen und unnötige Besuche des Gerichtsvollziehers. Stets waren die Auslöser der Diskussion von ihr verursachte nicht nachvollziehbare Anlässe.

Die Termine beim Jugendamt wurden von der Mutter abgesagt, sie war nicht kompromissbereit und wollte als einzige Lösung das alleinige Sorgerecht für sich akzeptieren.

Die wohlwollenden Kompromissvorschläge des Vaters werden von der Verfahrensbeistands-Anwältin unvollständig wiedergegeben.

Die immer wieder von der Mutter aufgestellte Behauptung, Moritz werde in der jeweiligen Aufenthaltswoche in B. zu 95% von den Großeltern betreut, ist eine durch nichts begründbare Unrichtigkeit. In manchen Wochen begegnen die Großeltern Moritz nur stundenweise, dann meistens in der Wohnung des Vaters. Hin und wieder übernachtet Moritz eine Nacht bei den Großeltern, weil er es selbst so will. Hin und wieder gibt es eintägige Überschneidungen eines externen Arbeitsauftrags mit den Aufenthaltszeiten (sonntags). Der Aufenthalt bei den Großeltern hat seit dem Wechselmodell deutlich abgenommen.

Der Bezug zwischen Moritz und den Großeltern, speziell dem Großvater, ist von Geburt an sehr eng. Vor der Trennung hat Moritz ein Drittel seiner Zeit bei ihnen verbracht, es war aber überwiegend die Mutter, die ihn bei den Großeltern abgeliefert hat. Moritz war eigentlich immer daheim, wenn der Vater anwesend war. Auch nach der Trennung hat die Mutter Moritz sehr oft zu den Großeltern gebracht und versucht, dem Vater den Umgang zu verweigern. Erst seit dem Wechselmodell bringt die Mutter Moritz gar nicht mehr zu seinen Großeltern.

Das Kompromissangebot des Vaters, Moritz unter der Woche zu betreuen und ihn der Mutter am Wochenende zu überlassen hat nichts mit dem Wunsch nach seiner Freizeitgestaltung zu tun. Vielmehr fußt es im Gegenteil auf der Überlegung, dass er in seiner selbstständigen Tätigkeit seine Arbeitszeit sehr frei gestalten kann und häufig im Messebau auch gerade am Wochenende Aufträge erledigen kann, während die

Mutter in einer Festanstellung wohl ausschließlich werktags arbeiten wird. Die Mutter hat sich dazu bisher nicht geäußert, der Vater könnte sich auch andere Modelle vorstellen, die er leicht mit seiner selbstständigen Arbeit in Einklang bringen kann. Das sollte ja umso leichter zu gestalten sein, wenn die Mutter auch selbstständig mit eigener Arbeitszeitregelung arbeitet. Das ist für den Vater neu, denn bisher hat sie immer geäußert, sie habe eine feste Anstellung und sei daher darauf angewiesen, dass Moritz in den Kindergarten kommt.

Das Modell der Mutter, Aufenthalt bei ihr, hin und wieder Umgang des Vaters mit Moritz, mag häufig angewendet werden, passt in diesem Fall überhaupt nicht zur Vorgeschichte, in der Moritz überwiegend durch den Vater und die Großeltern betreut wurde und nur in geringem Umfang durch die Mutter. Es wäre gerade in diesem Fall zum Wohle des Kindes angebracht, die gewohnte umfangreiche Betreuung durch Vater und Großeltern in B. zu belassen und ihn dort den Kindergarten besuchen zu lassen. Es ist bei den Übergaben erkennbar, dass der neue Partner der Mutter liebevoller mit Moritz umgeht als die Mutter und Moritz ihn mag. Es ist aber bedenklich, dass er ihre übertriebene Strenge gegenüber dem Kind befürwortet und selbst anwendet.

Es ist falsch, dass die Mutter mit ihm seit einem ¾ Jahr in einer festen Beziehung lebt. Zunächst hatte sie nach der Trennung für 4 Monate eine Beziehung zu einem anderen Mann, erst seit 6 Monaten mit dem neuen Partner. Sie leben allerdings bisher nicht in einer gemeinsamen Wohnung zusammen mit Moritz.

Es ist schwer nachvollziehbar, wie der neue Partner mit seinem festen Schichtarbeitsmodell glaubwürdig zusagen kann, dass er jederzeit, zu jeder Tageszeit, bei der Betreuung von Moritz einspringen kann. Der Vater kann das bezüglich der Großeltern sehr wohl zusagen, die als Rentner jederzeit einspringen können.

Die Mutter war immer darüber informiert, dass es einen Kindergartenplatz für Moritz in B. gibt. Es gab eine Bemerkung von ihr, die indirekt darauf schließen ließ, dass sie ohne Wissen des Vaters versuchte, einseitig diesen Platz wieder zu kündigen, was ihr aber nicht gelang.

Der runde Tisch beim Kinderschutzzentrum in W. (nicht dem Kinderschutzbund, anderer Verein!) wurde nicht einfach so vom Vater abgesagt, sondern auf Anraten seines Anwalts und des Jugendamtsmitarbeiters von letzterem abgesagt als sich herausstellte, dass die Mutter mit drei der geplanten Anwesenden schon Gespräche geführt hatte, die aber nicht mit dem Vater, der sie nicht einmal kannte, und weil sowohl der Anwalt als auch der Jugendamtsmitarbeiter es für unangebracht und nicht Ziel führend hielten, parallel zu dem von der Mutter beantragten schwebenden Gerichtsverfahren doch wieder eine Einigung zu versuchen, die die Mutter bis dahin sowohl beim Jugendamt als auch beim DKSB (Deutscher Kinderschutzbund) abgelehnt hatte.

Also: die Absage erfolgte nicht durch den Kindsvater, sondern durch das Jugendamt.

Die Mutter hat sehr wohl Therapie/Gespräche beim Jugendamt abgesagt, nachdem ihr dort unmissverständlich klar gemacht wurde, dass das von ihr befürwortete Schlagen des Kindes in der Erziehung nichts verloren hat.

Der Begriff Übergabe bei Umgängen ist zurückzuweisen, denn es handelt sich um Übergabe zu Aufenthalten im Wechselmodell.

Bisher erfolgte die Übergabe nie allein an den neuen Partner der Mutter, er hat die Mutter nur jeweils begleitet, so wie der Großvater immer den Vater dabei begleitet. Da also von beiden Seiten Dritte jeweils anwesend waren, gibt es Zeugen für die Falschaussagen der Mutter.

Es gibt sehr klare Verhaltensregeln für Moritz beim Vater. Er verbietet nichts einfach so, sondern nur, wenn es eine für das Kind nachvollziehbare Begründung dafür gibt. Moritz ist Begründungen gegenüber sehr aufgeschlossen. Da bei der Mutter Verbote auch mit Schlägen, Liebesentzug und Wegsperren durchgesetzt werden, ist es kein Wunder, dass er bei der Mutter zunächst „schwierig" ist.

Es ist eine unerträgliche Unterstellung, dass Moritz lieber zum Vater will als zur Mutter, weil er angeblich grenzenlos verwöhnt wird. Die Umkehrung ist richtig, er will nicht zu Mutter, weil er dort unberechtigt und unbegründet hart bestraft wird.

Entsprechend gestalten sich auch die Übergaben. Wenn die Mutter ihn abholt, rennt er weg, versteckt sich, ruft „nicht zu Mama" und findet tausend Gründe, die Übergabe zu verzögern. Die Mutter steht wie unbeteiligt daneben, versucht nicht ihn zu locken, während der Vater lauter Positives über den Aufenthalt bei der Mutter sagt. In den ersten Monaten nach dem Wechselmodell war es besonders schlimm, weil sich Moritz zusätzlich an den Vater klammerte, nicht nur seine Ablehnung rief, sondern herzzerreißend schrie.

Inzwischen geht er sehr verständig mit dem Unvermeidlichen um.

Umgekehrt ist es seit der Trennung so, wenn der Vater ihn abholt, dass Moritz beim Klingeln jauchzend „Papa" ruft, ihm um den Hals fällt und dann mit seinem Köfferchen zur Haustür raus rennt (nur weg!).

Bei Autofahrten mit ganz anderem Ziel, die aber auf Straßen erfolgen, die zur Mutter führen, sitzt dieses sonst so fröhliche Kind starr da und sagt mehrmals „nicht zu Mama", bis Moritz dann erleichtert glaubt, dass sie woanders hinfahren.

Das alles ist nicht mit Verwöhnen zu erklären, sondern mit der grenzenlosen Strenge bei der Mutter.

Von Abschieben am Wochenende kann keine Rede sein, denn es war ein Kompromissangebot des Vaters entsprechend der Arbeitszeitsituation der Eltern.

Dass die Mutter den Kontakt von Moritz mit seinen Großeltern von sich aus beibehalten will, ist nicht glaubwürdig, weil sie Moritz seit dem Wechselmodell nicht mehr zu den Großeltern gegeben hat.

Auch wenn der Großvater eine wichtige Bezugsperson für Moritz ist, so kann Moritz sehr gut zwischen Mama, Papa und Opa und ihren Rollen unterscheiden. Der Vorwurf „Ersatz-Papa" sollte daher nicht erhoben werden. Die Rolle einer Bezugsperson kann von den Eltern nicht zurechtgebogen werden, das liegt in der Entscheidung des Kindes, wie seine Beziehung zu einer Person ist.

Es ist nicht wahr, dass Moritz bei den Großeltern alles darf, es gibt klare Regeln und strikte Grenzen bei Gefährlichkeit, aber alles wird nachvollziehbar erklärt, es wird niemals etwas verboten, nur weil es einer Bezugsperson so gefällt, und es wird nicht bestraft, Moritz wird für sinnvolles Verhalten gelobt.

Die mehrfach von der Mutter angedeuteten Freizeitvergnügungen des Vaters finden nicht statt. Der Vater arbeitet an sieben Tagen in der Woche bis in den Abend hinein, wenn Moritz bei der Mutter ist, da bleibt keine Zeit für Ausschweifungen. Er ist voll und ganz für Moritz da, wenn der eine Woche bei ihm ist. Dann gibt es nur Freizeitvergnügen mit Moritz, keine Alkoholrauschfeste.

Während die Mutter bisher bestritten hat, häufig umzuziehen, kündigt sie jetzt den nächsten Umzug wegen Familiengründung an. Dabei ist „naher Umkreis" unglaubwürdig, weil ihr derzeitiger Partner 60 km entfernt von ihrer Wohnung arbeitet.

Die gesundheitliche Gefährdung bei der Mutter bezieht sich nicht auf deren Katzen, sondern auf das Kettenrauchen in der Wohnung oder unmittelbar neben Moritz und in den psychischen Verletzungen durch den „Erziehungsstil" der Mutter. Es fällt schwer, rechtswidriges Verhalten als Erziehungsstil zu werten.

Zur Betreuung während der Elternzeit ist festzustellen, dass Moritz in der Zeit wirklich sehr selten bei den Großeltern war, sondern vom Vater betreut wurde. Wenn allerdings der Vater einzelne Tage wegen des möglichen Hinzuverdienens außer Haus war, hat die Mutter Moritz zu den Großeltern gebracht hat, selbst wenn sie daheim war, um einen freien Tag zu haben.

Die Betreuung durch den Großvater beim Gespräch der Verfahrensbeistands-Anwältin mit dem Vater ist falsch dargestellt. Es gibt keinen Vergleich über die zeitlichen Längen. Zunächst hat Moritz mit dem Großvater ganz ruhig im Nebenzimmer gespielt und gemalt. Sachen „zur Verfügung gestellt" ist sehr posi-

tiv formuliert, sie mussten es sich zusammen suchen.
Moritz hat eine Dreiviertelstunde sehr ruhig und konzentriert mit dem Großvater gemalt und Papierfaltungen gemacht. Das ist für ein knapp dreijähriges Kind, insbesondere ein so aufgewecktes und lebhaftes, eine sehr lange Zeit. Es muss als extrem folgsam angesehen werden, wenn ein Kind in dem Alter in unbekannter (feindseliger) Umgebung über eine Stunde sich selbst beschäftig oder beschäftigt werden kann.
Der Vorwurf unklarer Auskünfte zur Arbeitssituation des Vaters ist kühn bei einem Selbstständigen, denn die Wiedergabe der Äußerungen der Mutter über ihre Situation ist auch völlig unverständlich, wird aber als Bemühen positiv bewertet.
Der Vater hat an Beispielen versucht zu erklären, dass er sich in seiner Arbeitszeit ganz nach Moritz richten kann. Es waren Beispiele, es kann auch ganz anders sein, aber immer zum Vorteil und Wohl von Moritz.
Der Vater befürwortet den Besuch eines Kindergartens und die sozialen Kontakte des Kindes und kann deshalb ja auch einen Platz nachweisen, und das schon seit einer Zeit vor der Trennung. Aber er stellt nur klar, dass er darauf nicht durch seine Arbeitssituation unabdingbar angewiesen ist, sondern es nur zum Wohle des Kindes nutzt und jede notwendige Abweichung möglich ist.
Zum Thema „Schlagen" ist noch hinzuzufügen, dass das unabhängig von der gesetzlichen Lage in der Familie des Vaters schon immer abgelehnt und nie praktiziert wurde. Rückblickend bis zum Ururgroßvater von Moritz haben der und alle nachfolgenden Generationen väterlicherseits ihre Kinder nie geschlagen, auch nicht der Großvater den Kindesvater und der nicht Moritz. Der Vater tut es nicht nur nicht, sondern

er lehnt es auch aktiv ab. Deshalb gab es dazu auch schon vor der Trennung heftige Diskussionen zwischen Vater, Großvater und Mutter, die in anderer Tradition aufgewachsen ist. Ihre Eltern haben sie geschlagen, sie gibt es an Moritz weiter, der von ihren Eltern, also den Großeltern mütterlicherseits, bei deren seltenen Anwesenheit auch geschlagen wird.
Der Großvater hat dieses Problem nach der Trennung beim Jugendamt B. angesprochen, aber kein Gehör gefunden.
Vater und Großvater hoffen sehr, dass das Schlagen als Erziehungsmaßnahme für Moritz eine bald vergessene Episode in seinem Leben bleibt und ihn nicht nachhaltig verstört.
Die Verfahrensbeistands-Anwältin hat den Vater gefragt, ob er Probleme mit dem neuen Lebensgefährten der Mutter habe, was er verneinte. Es gab aber keinen Vorschlag, dass die Übergabe allein an diesen neuen Partner erfolgen soll, schon gar keine erfreute Zustimmung. Es ist eher als problematisch für Moritz anzusehen und zeigt Bindungsintoleranz der Mutter, wenn Moritz ihrem Partner übergeben wird und dann in der Wohnung der Mutter die „böse" Überraschung erlebt. So werden zwar die emotionalen Äußerungen von Moritz vielleicht vermieden, aber nur unterdrückt, nicht behoben. Die Übergabe an den Partner oder den Großvater muss möglich, aber auch eine Ausnahme sein.
Der Vater hat kein Bindungs- oder Kommunikationsproblem mit der Mutter, er legt keineswegs Wert darauf, ihr nicht zu begegnen. Dies ist eine falsche Unterstellung. Er findet es im Gegenteil wichtig, möglichst viel, auch in Gegenwart des Kindes, mit der Mutter zu besprechen, unabhängig vom Zustand des

Aufenthaltsbestimmungsrechts.

Wenn es den Wunsch gibt, sich nicht zu begegnen, dann geht er offensichtlich von der Mutter aus.

Die Befragung des Vaters zu Freizeitaktivitäten mit Moritz ist sehr flach und eine Fangsituation. Die Verfahrensbeistands-Anwältin hätte sich den gesamten Tagesablauf schildern lassen sollen, die Grenzen zwischen Spielen und Tätigkeiten sind für ein Kind fließend und unwichtig.

Puzzeln oder Laufrad sind reine Spielbeispiele mit wenig Aussagekraft und großer Unvollständigkeit.

Moritz wird vom Vater in alle Alltagstätigkeiten einbezogen, ob Haushalt, Küche, Werkstatt, Einkäufe (Nahrung oder Werkmaterial aus dem Baumarkt), Elektrowerkzeuge, Telefon, Computer, Garten(Pflanzen, Geräte), Auto…usw. Der Vater nimmt sich sehr viel Zeit, Moritz überall mitwirken zu lassen und einzubeziehen. Natürlich gibt es auch reines Spielen, Moritz entscheidet allein, wann er sich zum Spielen zurückzieht, wann er jemanden dabei haben will oder ob er andere bei deren Tätigkeiten begleiten, „helfen" will. Moritz ist sehr wissbegierig und aufmerksam. Natürlich gibt es auch ausgedehnte Besuche von Spielplätzen (Begegnungen mit anderen Kindern), Freizeitaktivitäten, Feste(öffentliche und private), spielen mit den Cousinen, Fahrrad fahren…usw.

Zu den zitierten Aussagen des neuen Partners der Mutter ist zu bemerken:

Es ist erschreckend, dass er den gleichen harten, strafenden Erziehungsstil mit Schlägen wie die Mutter befürwortet.

Was er bei Moritz als regelresistent bezeichnet ist nur die Tatsache, dass Moritz Erklärungen erwartet wie beim Vater und Großvater und sich wehrt, weil er un-

ter dem Schreien, Schlagen, Bestrafen und dem Liebesentzug leidet. Ein Kind kann das in dem Alter noch nicht erklären, aber es bringt es zum Ausdruck.
Es ist kühn, wenn er behauptet, bei den Übergaben zu deeskalieren, da er doch häufig den Vater im Beisein des Kindes verbal angreift, mit offenbar von der Mutter kritiklos übernommenen Unterstellungen, während die Mutter stumm daneben steht.
Natürlich trennt sich Moritz „problemlos" von seiner Mutter, in deren Nähe er sich ungern aufhält (siehe oben). Jeder andere (auch die Verfahrensbeistands-Anwältin) ist ihm lieber. Außerdem treibt ihn seine Neugierde. Ja er ist ein weit entwickeltes aufgeschlossenes Kind, im Wesentlichen durch die offene Förderung seiner Interessen durch den Vater. Gerade dieses aufgeweckte, aufgeschlossene Verhalten überfordert die Mutter bei ihren strengen Erziehungsversuchen und engen Regeln und veranlasst sie umso häufiger zum Schlagen und Strafen. Das darf aber nicht dem Vater vorgeworfen werden, nicht heißen, dass sich „zum Wohle des Kindes" der Vater nun auch so verhalten muss.
Der Vorwurf, der Vater habe das Kind nicht im Griff, ist nachweislich falsch, richtig ist, das Kind wird bei der Mutter psychisch eingesperrt. Dazu gehört auch ihr monatelanger Versuch, ihn nicht bei seinem Rufnamen Moritz, sondern mit seinem vierten Vornamen Franz zu rufen. Moritz hat das nicht angenommen, sondern immer wieder betont und darauf bestanden, Moritz zu heißen.
Das mit dem „Deal" ist eine furchtbare Formulierung. Hier akzeptiert und beschreibt die Verfahrensbeistands-Anwältin die Bestechung von Moritz durch Versprechen von Geschenken oder Androhung von

Wegnahme oder Strafe. Bei den Übergaben hat die Mutter mehrfach mit einem Schokoladenriegel gewunken und ihn versprochen, wenn er nicht schreit. Er hat dann auch oft sein „nicht zu Mama"-Schreien eingestellt. Diese Form der strafenden Erziehung lehnt der Vater ab.

Moritz motiviert sich durch Aufgaben, er ist von klein auf an sehr feinmotorisch, und empfänglich für Lob fürs Gelingen. Eben durch diesen Erziehungsstil beim Vater ist Moritz schon so weit entwickelt. Es wäre sehr schade, wenn die Begabungen von Moritz durch den einschränkenden und bedrohenden Erziehungsstil bei der Mutter verschüttet würden.

Den von der Verfahrensbeistands-Anwältin zitierten körpersprachlichen Kontakt kann man auch als Abstandhalten mit ängstlichem und misstrauischem beobachtendem Lauern auf eine mögliche Strafaktion sehen. Der umarmende körperliche Kontakt oder einfach nur die räumliche Nähe mit Vater und Großvater zeigt das unbedingte Vertrauen zu diesen Personen, es gibt keine bösen Überraschungen wie Schläge.

Hier stellt die Verfahrensbeistands-Anwältin etwas Negatives zu Gunsten der Mutter positiv dar.

Die Unterstellung, Vater und Großvater hätten das Kind nicht im Griff, widerspricht der Aussage, dass ein Kund in dem Alter noch keinen eigenen Willen hat.

Sein Klammern und Schreien „Nicht zu Mama" ist sehr wohl eine reproduzierbare, nicht zufällige Willensäußerung. Nur hat sich dafür bisher keine beteiligte Stelle interessiert.

Aber ein Kind kann darüber wohl nicht formal reden, es kann es nur zeigen.

Moritz entscheidet sehr wohl selbst, wann, ob und mit wem er Körperkontakt will, das kann man nicht initiieren, das will der Vater auch gar nicht, deshalb halte ich die Beobachtung für falsch, dass der Vater den körperlichen Kontakt mit Moritz initiiert hat.

Zur nachhaltigen Beschäftigung von Moritz während der Befragung des Vaters siehe oben.

Ab welchem Zeitintervall sieht die Verfahrensbeistands-Anwältin die Beschäftigung für ein knapp dreijähriges Kind nachhaltig? Ich finde eine Dreiviertelsunde sehr lang, insbesondere wenn bei einer Verfahrensbeistands-Anwältin, also einer Anwältin des Kindes so gut wie kein kreatives Spielzeug vorhanden ist.

Natürlich hätte der Großvater mit Moritz auch auf die Straße oder ins Kaufhaus gehen können. Aber wer weiß, wie das dann wieder ausgelegt worden wäre. Außerdem hat der Großvater damit gerechnet, dass Moritz jederzeit vielleicht rein gerufen wird, wollte also im Büro bleiben.

Dazu hat sich die Verfahrensbeistands-Anwältin vorher nicht geäußert.

Zur Einschätzung der Verfahrensbeistands-Anwältin:
Da sowohl beim Vater als auch bei der Mutter im unmittelbaren Anschluss an das Hauptverfahren ein Kindergartenplatz zur Verfügung steht, ist eine vorherige Anmeldung durch die Mutter nicht notwendig. Die Hauptverhandlung kann abgewartet werden. Es gibt auf Grund der Situation auch nicht die Notwendigkeit, das Kind bei der Mutter anzumelden, falls die Mutter auf Grund ihrer Lebens- und Arbeitssituation auf eine Anmeldung angewiesen sein sollte. Die An-

meldung könnte genauso gut beim Vater durch den Vater erfolgen.

Der Beschluss des Gerichts erfolgte unter falschen Vorrausetzungen wider besseres Wissen der Verfahrensbeistands-Anwältin.

Die erwünschten sozialen Kontakte von Moritz im Kindergarten können sowohl bei der Mutter als auch beim Vater erfolgen, daher lässt die Situation an sich keine Entscheidung zu Gunsten der Mutter zu.

Die Situation des Einzelkindes ist überzeichnet, da Moritz beim Vater mindestens einmal im Monat ganztägigen Kontakt mit den beiden Patenkindern des Vaters hat und einmal wöchentlich beim Vater, bei den Großeltern oder der Tante ganztägigen Kontakt zu seinen beiden Cousinen hat. Diese Kontakte, auch Kontakte zu anderen gleichaltrigen Kindern, sind bei der Mutter nicht vorhanden. Es wurde bereits darauf hingewiesen, dass das soziale Umfeld bisher für Moritz durch Kontakte mit der väterlichen Verwandtschaft geprägt war. Diese würden bei einem Wechsel zur Mutter zum Erliegen kommen.

Selbstverständlich ist der Kindesvater an den sozialen Kontakten von Moritz im Kindergarten interessiert und hat daher auch schon einen lange zugesagten Platz reserviert. Er hat nur ausgesagt, dass er auf Grund seiner Lebenslage und Arbeitssituation nicht darauf angewiesen ist, es also nicht seinetwegen ist, sondern nur wegen Moritz. Und er hat betont, dass Abweichungen bei Terminen und Krankheiten leicht durch die Großeltern vor Ort abgefangen werden können.

Moritz kennt den Kindergarten und die Kindergärtnerinnen in B. sehr gut, weil der Vater hin und wieder

mit ihm bei dem in Sichtweite liegenden Kindergarten einen Besuch macht.
Die notwendige Gewöhnung an den Besuch eines Kindergarten ist längst erfolgt, eine Gefahr, den Platz aufs Spiel zu setzen besteht bei zwei zugesagten Plätzen in naher Zukunft eher nicht.
Die Stellungnahme der Verfahrensbeistands-Anwältin ist offensichtlich einseitig und nimmt die Interessen der Mutter wahr, wichtige Informationen werden verfälscht dargestellt oder gar nicht erwähnt.
Es wird beantragt, die Verfahrensbeistands-Anwältin zu entlassen und einen neuen Verfahrensbeistand zu bestellen.
Eine vertrauensvolle Zusammenarbeit mit der Verfahrensbeistands-Anwältin, wie es nach dem Gesetz sein sollte, kann unter diesen Umständen nicht gewährleistet werden.
Es wird daher beantragt, das Aufenthaltsbestimmungsrecht für Moritz auf den Vater zu übertragen.
Ende der Stellungnahme.

Die drei Enkelkinder spielen am Donnerstag zusammen wieder den ganzen Tag bei den Großeltern.
Am Freitag telefoniert Moritz mehrmals mit dem Großvater, will zusammen einkaufen gehen. Vater und Moritz kommen zum Essen. Die drei „Männer" erledigen etliche Einkäufe zusammen.
Am Samstag wird Moritz 3 Jahre alt!
Ein herrlicher, sonniger, warmer Sommertag.
Moritz, sein Vater, die Großeltern und etliche gute Freunde des Vaters, deren Kinder leider alle gerade beim Partner im Urlaub sind, sowie die Cousinen und ihre Eltern fahren um 14:30 zu einem Indoor - Freizeitpark. Um 17 Uhr kommen mit zweieinhalb Stunden Verspätung auch die Mutter mit

Karl und einem tschechischen Nachbarsmädchen, das kein Deutsch spricht. Die drei gehen bereits um 18:30 wieder. Die Mutter hat beim Gehen versucht, die Großmutter, eine Bekannte des Vaters und seine Schwester auszuhorchen und sich ein zu schleimen.

Die Mutter versucht offensichtlich (beraten von?) eine Checkliste abzuarbeiten entsprechend den Vorwürfen des Anwalts, wollte von der Schwester des Vaters die Zusage, dass die mit den Mädchen Kontakt zu ihr sucht, gekrönt von dem Satz „wie wirkt es sonst vor Gericht..." !!! Also nicht zum Wohle von Moritz, sondern um ihren Eindruck zu verbessern.

Fünfunddreißigste Woche Wechselmodell
Am Sonntag holen Mutter und Karl um 11 Uhr Moritz ab, er will nicht, ergibt sich aber dann weinend ins Unvermeidliche, wehrt sich nur verbal, lässt sich aber von Vater in Karls Auto bringen, keine Begrüßung und Berührung mit Mutter oder Karl.

Sechsunddreißigste Woche Wechselmodell
Am Sonntag holen
Vater und Großvater um 11 Uhr Moritz bei der Mutter ab. Er wirkt zwischen ihr und Karl „eingeklemmt", eingeschüchtert. Fröhlicher Wechsel zum Vater. Zusammen zu den Großeltern, toben im Garten mit Planschbecken. Hochsommerlich mit 37 Grad. Moritz übernachtet bei den Großeltern.
Zwei Tage sind Moritz und seine Cousinen bei den Großeltern und übernachten alle dort.
Donnerstag sind der Vater und Moritz mit einem Bekannten und dessen Kindern im Freibad.
Von Freitag auf Samstag übernachtet Moritz bei den Großeltern.

Siebenunddreißigste Woche Wechselmodell
Vater und Großvater spielen und toben sonntags Vormittag mit Moritz, er lässt die Woche hier Revue passieren, erzählt etliche Begebenheiten.
Um 11:10 kommen die Mutter und Karl, wie üblich Ölgötzen ohne Beziehung zum Kind. Moritz steht ihnen in zwei Metern Abstand starr gegenüber, geht nicht hin, schaut nur. Der Kontakt gelingt ihnen nicht, sie trösten ihn damit, dass die Woche ja schnell rum ist und er dann wieder zum Papa kann!
Die Übergabe von Moritz ist heute schlimmer denn je. Er klammert sich so sehr an den Vater, schreit und weint und alles Positive, was der über die Mama sagt, verneint er heftig. Der Vater will ihn der Mutter auf den Arm geben, aber er reißt sich los und läuft und springt weinend auf den Arm des Großvaters.
Moritz Wange war die ganze Woche zart und schön, bis die Mutter klingelte. Jetzt nach 20 min Anwesenheit der Mutter ist die ganze Wange mit kleinen roten Flecken übersät. Das ist genau der Stressausschlag, den die Hautärztin vermutet hat.
Er wirkt gegenüber vorher beim Spielen jetzt wie „todmüde", kuschelt sich bei Papa oder Opa an die Schulter als wolle er gleich einschlafen (weg aus dieser Welt, dieser Situation, diesem Stress!!??). Die Mutter und Karl interpretieren es als echte Müdigkeit und die Verfahrensbeistands-Anwältin würde ihnen wahrscheinlich voll beipflichten, dass Moritz sicher zu wenig Schlaf beim Papa bekommt, die Nächte durch macht, weil der Papa ihn nicht im Griff hat.
Dagegen wird alles Negative bei der Mutter in Positives uminterpretiert ohne Rücksicht auf das Wohl des Kindes.

Dann machen Großvater und Moritz einen „deal": der Großvater trägt ihn zur Haustür und dann geht er zum Auto von Karl. Er ist einverstanden, lässt sich unten auch hinstellen, sieht das Auto, geht aber nicht hin, sondern zurück auf den Arm des Großvaters. Dann kommt der nächste „deal": der Großvater trägt ihn bis zum Auto. Dort lässt er sich von ihm reinsetzen und will dann, dass er ihn auch anschnalle. Er zeigt also deutlich, dass er nicht freiwillig mit will, sondern vom Großvater gezwungen werden will. Das lehnt der ab („kenne den Gurt nicht"), dann macht die Mutter es und schnauzt Moritz dabei heftig an, vorher hat sie nichts unternommen, ihn zu übernehmen. Der Großvater hat ihn sozusagen mit „Gewalt" in deren Auto setzen müssen. Er hat herzzerreißend geweint und geschrien und Vater und Großvater heftig zu gewunken beim Abfahren. Er hat denen so unendlich leid getan.

Schlimm ist dabei auch die Auslegung der Verfahrensbeistands-Anwältin:

von der Mutter geht er so ordentlich mit, weil sie ihn im Griff hat und den Vater immer positiv darstellt, beim Vater gibt es Theater, weil der ihn nicht im Griff hat und die Mutter schlecht macht. Tja, so kann man es auch darstellen, man kann alles zugunsten der Mutter interpretieren.

Montags Abend kommt die Stellungnahme der Verfahrensbeistands-Anwältin zum Hauptverfahren. Sie weist alle Richtigstellungen des Anwalts des Vaters als falsch zurück. Sie ergänzt, dass sie zwar mit dem neuen Lebenspartner der Mutter, nicht aber mit dem Großvater von Moritz gesprochen habe:

> *Der Lebenspartner spiele eine wichtigere Rolle in der Frage des Sorgerechts als der Großvater, den Moritz auch nur als Großvater wahr nehme!*

Wie verträgt sich das bitte mit dem behaupteten 95% Aufenthalt beim Großvater? Außerdem werden damit die ersten drei Lebensjahre von Moritz komplett nicht wahr genommen.

> *Zu den differierenden Erziehungsstilen sei zu bemerken, dass im Gegensatz zum Vater, der keine Grenzen für das Kind setze, bei der Mutter klare Regeln gelten mit verlässlichen Konsequenzen. Von Strafen oder Schlägen sei nichts zu erkennen. Der Erziehungsstil des Vaters „ohne Grenzen" werde dagegen zu massiven Problemen von Moritz im Kindergarten und in der Schule führen.*

Bei dieser offensichtlich blinden Interpretation verbietet es sich, von Sichtweise der Verfahrensbeistands-Anwältin zu reden.

Sie verleugnet das Schlagen als Erziehungsmaßnahme bei der Mutter, obwohl die Mutter das sowohl ihr als auch dem Psychologen des Jugendamtes gegenüber zugegeben und verteidigt hat.

Es ist einfach furchtbar, nicht nachvollziehbar. Aus Sicht des Großvaters führt der „Erziehungsstil" der Mutter zu einem Heranwachsenden mit massiven Problemen, für die es dann mal wieder vorher keine Anzeichen gab. Das Übliche eben, wenn die Nachbarn sich wundern und die Presse staunt.

Der Vater möchte seinen Anwalt überzeugen, mit dem Widerspruch gegen etliche Lügen die Glaubwürdigkeit der Verfahrensbeistands-Anwältin an sich in Frage zu stellen.

Der Großvater schreibt Dienstag und Mittwoch einen Antwort-Text als Entwurf für den Anwalt.

Am Samstag kommt eine neue kurze Stellungnahme des Verfahrensbeistands, die alle Vorwürfe der Unwahrheit zurück weist.

Achtunddreißigste Woche Wechselmodell
Am Sonntag holen Vater und Großvater um 11 Uhr Moritz bei der Mutter ab. Zum ersten Mal ruft er nicht laut und fröhlich „Papa" beim Klingeln. Man hört ihn mit anderen Personen sprechen während die beiden im Freien kurz warten müssen. Dann kommt Moritz zur Wohnung raus, rennt strahlend mit „Papa" zum Vater, umarmt ihn fest und innig und drückt ihn liebevoll, er „jubelt" heute nur ganz leise. Dann nimmt er seinen Koffer und marschiert los. Er wirkt gedrückt, eingeschüchtert, psychisch belastet, hat ein ernstes und trauriges Gesicht.
Außer der Mutter und Karl ist auch die Mutter der Mutter in der Wohnung. Der Vater meint „da ist sie dann mal wieder ganz entlastet und entspannt".
Die drei verbringen den Tag zusammen abwechselnd bei den Großeltern und beim Vater.
Es gibt offensichtlich massive Indoktrinierung von Moritz durch die Mutter.
Moritz sagt ohne Zusammenhang unter anderem
„bei Papa gibt es nur Süßigkeiten"
„Moritz schläft bei Papa in einer Kammer"
„Papa, warum Du keine Regeln hast?"
Solche Sätze, die zudem noch exakt zu den Vorwürfen der Mutter passen, sagt kein Kind in dem Alter in dieser Formulierung, insbesondere weil sie auch nicht wahr sind, also nicht aus seiner eigenen Anschauung kommen können, und weil teilweise abstrakte Begriffe („Regeln") verwendet werden.
Eine solche Indoktrination, das Schlechtmachen des anderen Elternteils gegenüber dem Kind, ist rechtswidrig.

Vater und Großvater fahren mit Moritz und einem der Haustiere zum Tierarzt. Die beiden Ärzte amüsieren sich über die Behauptung des Verfahrensbeistands und schreiben eine Erklärung dazu.
Der Großvater arbeitet eine endgültige Stellungnahme aus zu der Widerschrift des Verfahrensbeistands.
Am Dienstag hat der Vater seinen Kennenlernen-Termin mit Moritz im Kindergarten in B. und erfährt dort, dass die Mutter letzten Freitag dort angerufen und versucht hat, den zugesagten Platz abzumelden. Sie hat gelogen, dass ihr Mann sie über alles im Unklaren lässt, dass sie das alleinige Aufenthaltsbestimmungsrecht hätte. Aber die Leiterin des Kindergartens hat sich nicht darauf eingelassen ohne Zustimmung des Vaters. Die Mutter versucht alles, die Notwendigkeit des Eilentscheides für ihren Kindergartenplatz nachträglich zu beweisen. Es ist zu hoffen, dass sie mit dieser Aktion nun wirklich so überzogen hat, dass es auch der Richterin die Augen öffnet.
Während Moritz gespielt hat, hat der Vater sich länger mit der Kindergärtnerin unterhalten, und ihr erzählt, dass die Mutter den Vorwurf erhebt, dass es bei ihm und den Großeltern keine Regeln und keine Grenzen gibt, Moritz alles dürfe. Die hat sich geschüttelt vor Lachen und aufgeführt wie sie Moritz in der halben Stunde als ausgesprochen folgsames Kind erlebt habe, er allen Aufforderungen des Vaters sofort Folge geleistet habe.
Der Großvater ist an diesem Tag wieder viel mit dem Vater und Moritz bei denen oder bei sich zusammen. Der Vater ist unglaublich nervös, der Großvater versucht immer wieder, ihn ein wenig aufzubauen und natürlich für Moritz da zu sein.
Der Anwalt hat die lange Stellungnahme der beiden von vor 10 Tagen unverändert („gut und ausführlich") ans Gericht weitergeleitet:

Die Mutter hat sehr wohl Therapie und Gespräche beim Psychologen des Jugendamtes abgebrochen, nachdem er ihr unmissverständlich klar gemacht hatte, dass das von ihr befürwortete Schlagen des Kindes in der Erziehung nichts verloren hat.
Das gezeigte Erstaunen und Verleugnen der Mutter ist also eine Unwahrheit (durch Weglassen).
Zu einem dritten vereinbarten Termin beim Jugendamt ist nur der Vater, aber nicht die Mutter erschienen, daraufhin wurde ein weiterer Termin mit dem Psychologen vereinbart, bei welchem vereinbart wurde, dass sobald wieder Gesprächsbereitschaft der Mutter besteht, die Moderation fortgesetzt werde.
Die beschriebene Betreuungsvariante des Vaters war ein Beispiel des Vaters, wie man der Mutter entgegenkommen könnte, wenn sie werktags arbeitet. Er war offen für andere Modelle.
Dagegen hat die Mutter auf diesem einen von ihr verlangten Modell bestanden. Also war bei ihr kein einvernehmlicher Einigungswille vorhanden.
Gegenüber dem Vater hat die Mutter behauptet, sie habe eine feste werktägliche Anstellung alle 14 Tage, an welche sie den vereinbarten Wochenwechsel bis zum momentanen Rhythmus mehrfach anpasste (vom Vater anstandslos akzeptiert). Jedoch hat sie im Gegenzug 2 vereinbarte sogar von ihr schriftlich bestätigte Verschiebungen des Vaters im Moment der Kindesübergabe vereitelt und umgeworfen. Wie kann sie dann ihre Arbeit frei einteilen?
Es ist unwahr, dass es seit einem ¾ Jahr eine feste Beziehung mit dem neuen Partner gibt. Er ist erst seit 6 Monaten ihr Begleiter, vorher war es ein andere Bekannter (Beweis: u.a. Begleiter beim ersten

Gerichtstermin, auch aufgeführt von ihr als Betreuungsperson für Moritz sowie Beleben gemeinsamer Wohnung in W., Dauerbegleiter bei jeder Übergabe von Moritz bis vor 6 Monaten). Noch vor 4 Monaten nannte sie es eine „Verleumdung" ihr eine Beziehung zu ihrem jetzigen Partner zu unterstellen.

Der Vater hat die Unterschrift für den Kindergarten in W. verweigert, weil aus seiner Sicht unnötig. Am vormals gemeinsamen Wohnort in B. gab es eine gemeinsame Anmeldung der Eltern und eine Zusage für einen Kindergartenplatz. Es war also unnötig, im Wechselmodell einen weiteren Platz am anderen Ort anzumelden. Der Vater hat mit seiner Weigerung keinen Kindergartenplatz aufs Spiel gesetzt, sondern einen zweiten nicht für notwendig befunden. Warum sollte er einem Wechsel nach W. zustimmen? Warum hat die Mutter (nach Aussage der Verfahrensbeistands-Anwältin) versucht, die Anmeldung in B. zu löschen, damit hat doch sie einen bereits zugesagten Kindergartenplatz aufs Spiel gesetzt.

Es wird von der Verfahrensbeistands-Anwältin offensichtlich unterstellt, dass Moritz bei der Mutter lebt und deshalb in W. in den Kindergarten sollte.

Das stimmt aber im Wechselmodell nicht. Moritz ist so oft an seinem von Geburt an gewohnten Wohnort in B. beim Vater wie im Wechsel in W. bei der Mutter. Betrachtet man das ganze Trennungsjahr, dann war in der Summe Moritz sogar drei Wochen länger beim Vater als bei der Mutter.

Da der Platz in B. gemeinsam beantragt wurde, ist die Behauptung unwahr, dass der Vater nicht kommuniziere, was er plane und unternommen habe. Das hatten beide gemeinsam längst erledigt.

Es ist unwahr, dass der Vater gesagt hätte, er habe noch keine Zusage zum Kindergartenplatz. Bestenfalls hat er gesagt, dass er die formelle schriftliche Zusage gerade nicht dabei hat. Natürlich konnte er den Namen des Kindergartens sagen, er wurde nicht danach gefragt.

Mit der Ablehnung der Betreuung durch Dritte meint der Vater nicht den Kindergarten, sondern Personen im jeweiligen Umfeld, die keine gewohnten Bezugspersonen für Moritz sind. Der Vater möchte, dass auch im Wechselmodell in erster Linie Mutter und Vater füreinander einspringen bei Verhinderung, andere also nur in Ausnahmefällen herangezogen werden. (Schwer genug war es Moritz auf sein Nachfragen zu erklären „warum Hans nicht dabei ist", was folglich von der Mutter ihm nicht vermittelt wurde sondern ein weiterer neuer Ersatz-Papa vorgesetzt wurde.)

Es ist unwahr, dass der Vater vor dem Kind bei der Übergabe Streitereien provoziere. Es ist regelmäßig die Mutter, die strittige Themen anspricht, die der Vater in aller Ruhe diskutiert.

Es wird nicht dadurch besser (für das Kind), dass die Mutter bei sich den jubelnd zum Vater stürmenden Moritz in die Wohnung zurückdrängt und die Wohnungstür zuzieht und mit dem indirekt anwesenden, weinenden Kind, das zu seinem Vater möchte, dann strittige Themen diskutiert.

Es ist falsch, dass die Mutter den Kinderschutzbund eingeschaltet hat (den DKSB hat der Großvater kurz nach der Trennung um Rat gefragt), denn sie hat das Kinderschutzzentrum in W. angesprochen. Das sind zwei verschiedene Vereine und sollten schon sauber unterschieden werden.

Es ist unwahr, dass der Vater den dort vorgeschlagenen runden Tisch abgesagt hat. Die Absage erfolgte durch den Jugendamtsmitarbeiter, weil nicht alle vorgeschlagenen Teilnehmer den Vater kannten, aber alle bereits ein Gespräch mit der Mutter geführt hatten, und weil die Mutter einen Gerichtsentscheid beantragt hatte. Das Jugendamt hielt es nicht für sinnvoll, gleichzeitig einen runden Tisch und ein Gerichtsverfahren zu betreiben, die entgegen gesetzte Forderungen der Mutter verfolgten. Es ist unwahr, dass ihr neuer Partner häufig oder überhaupt die Übergaben von Moritz allein übernimmt, er begleitet nur die Mutter. Der Großvater war auch immer dabei und stellt hiermit klar, dass bisher die Mutter bei den Übergaben immer anwesend war und wie gesagt fast immer ein strittiges Thema beginnt, die vom Vater erhaltenen Antworten aber eigentlich alle gegenüber der Verfahrensbeistands-Anwältin verschweigt. Einvernehmliche Einigung besteht nicht darin, dass einer allem zustimmt, was der andere will.
Während Moritz beim Abholen von der Mutter seinem Vater jubelnd um den Hals fällt und abmarschiert Richtung Auto, will er bei der Abholung durch die Mutter nicht mitgehen. Dabei stehen Mutter und Begleiter immer wie Ölgötzen da und unternehmen nichts, um Moritz zu übernehmen oder mitzunehmen. Sie nehmen keine Beziehung zu Moritz auf. Bestenfalls und schon mehrfach haben sie Moritz tröstend gelockt mit „es ist ja nur eine Woche, das geht schnell, dann gehst Du wieder zu Papa". Das ist schon unglaublich, wenn sie ihn mit dem Ende der Woche bei ihnen zum Mitgehen locken müssen. Moritz klammert dann an Vater und/oder

Großvater und weint und schreit herzzerreißend „nicht zu Mama" und sucht nach verzweifelten Ausreden verweilen zu dürfen (er müsse noch auf den Spielplatz oder Grillen oder ähnliches). Der Vater begleitet ihn auf Bitten dann meistens mit viel Zuspruch zum Haus hinaus, oder setzt ihn sogar in deren Auto.

Dass Moritz bei der Mutter schwierig ist nach der Übernahme ist nicht verwunderlich. Er wird bei Vater und Großeltern nicht bedroht, nicht dressiert, sondern Regeln werden situations- und Kind gerecht begründet und er darf dagegen argumentieren, was er auch oft sehr geschickt tut. Bei der Mutter vermisst er Begründungen für starre Anweisungen, wird für Widerrede bestraft, auch mit Schlägen. Moritz erzählt von sich aus, dass ihn Mama und Karl schlagen. Vor der Trennung hat der Großvater bei jeder Begegnung mit Mutter und Kind die Schläge beobachten können und oft deswegen die Mutter angesprochen.

Nach der Übergabe an den Vater verteilt Moritz am ersten Tag Schläge, wenn er etwas nicht will. Erst die mehrmalige Klarstellung, dass es das in dieser Familie nicht gibt führt dann in zwei Schritten zunächst dazu, dass er Schlagen nur noch andeutet, ab dem zweiten Tag aber wieder ausschließlich mit klugen Begründungen reagiert.

Sowohl Vater als auch Großeltern erziehen durch Vorbild und Begründungen, niemals mit Androhung von Strafe, immer mit Lob für Erfolg. Da haben starre Regeln und strafende Konsequenzen keinen Platz.

Es bleibt auch diffus, was Mutter und Partner unter „Verhaltensregeln" verstehen.

Es ist nicht nachvollziehbar, dass die Mutter intensive Kontakte von Moritz mit dem Vater und den Großeltern will und pflegt. In den Wochen, in denen Moritz bei ihr ist, gibt es keine Kontakte mit dem Vater und den Großeltern, auch nicht telefonisch (dies hat sie mehrfach ausdrücklich untersagt). Sie hat bisher auch keinen Kontakt zu den Cousins von Moritz gesucht. Die Behauptung der Verfahrensbeistands-Anwältin ist unglaubwürdig.

Auch wenn die Begriffe „klare Regeln" und „strafende Konsequenzen" inhaltlich diffus bleiben, klingen sie in diesem Zusammenhang wie ein psychischer Käfig für das Kind. Das hat es nicht verdient, genauso wenig wie rechtswidrige Schläge.

Bei Vater und Großeltern gibt es nachvollziehbare Regeln, das ist natürlich sehr anstrengend und wahrscheinlich sind die Mutter und ihr Partner damit überfordert.

Vater und Großeltern lassen sich überzeugen, wenn Moritz gute Gründe vorbringt oder ein Verbot nicht angemessen erscheint, es gibt auf keinen Fall Schläge zum Ruhigstellen oder erzwungenen „Wohlverhalten".

Es ist unwahr, dass Moritz beim Opa alles dürfe und alles durchgehe. Dieses Klischee passt in diesem Fall überhaupt nicht.

Der Großvater weiß, dass sein Sohn kein Nichtraucher ist im Gegensatz zu ihm, aber er hat seinen Sohn noch nie rauchen sehen, man kann ihn kaum als Raucher bezeichnen. Er raucht nicht in der Wohnung, nicht im Auto, nicht in Gegenwart von Moritz, nur mal bei der Arbeit oder abends unter Freunden.

Dagegen rauchen die Mutter und ihr Partner eigentlich immer, wenn man sie trifft, auch in der Wohnung, auch im Auto und dadurch natürlich auch in Gegenwart von Moritz.

Es kann daher nicht sein, dass der neue Partner der Mutter in den letzten Jahren, schon gar nicht seit Moritz auf der Welt ist, den Vater rauchen sehen hat oder mit ihm gemeinsam geraucht hat. Das ist schlicht unwahr.

Die Mutter plant einen Umzug, ein baldiger Wechsel des Kindergartens ist absehbar. Sie bietet also keine so gefestigte Umgebungsbeziehung für Moritz wie der Vater am ehemaligen gemeinsamen Wohnort. Ein Umzug in die nähere Umgebung ist unrealistisch, da ihr neuer Partner als Vollverdiener in einer 60km entfernten Firma arbeitet und seine täglichen Arbeitswege „nur" für den Erhalt eines Kindergartenplatzes um 80 zusätzliche Kilometer im Vergleich zu seinem jetzigen Wohnort erweitert.

Es ist nicht wahr, dass die Mutter seit Geburt das Kind allein betreut und versorgt hat.

Es ist unwahr, dass der Vater nur pro forma Elternzeit genommen hat. Er hat nur einzelne Tage gemäß zulässigem Hinzuverdienst gearbeitet, aber ansonsten Moritz ab der Geburt überwiegend betreut und versorgt, auch nach der Elternzeit, weil er es meistens auch übernommen hat, wenn die Mutter auch zu Hause war.

Dagegen hat die Mutter Moritz oft bei den Großeltern abgeliefert, wenn sie frei hatte und der Vater arbeiten war. Auch im Wesentlichen deshalb sind die Großeltern zu wichtigen Bezugspersonen für Moritz neben dem Vater geworden, für Moritz wichtiger als die Mutter.

Die überwiegende Betreuung durch den Vater kann durch seine Eltern oder andere Verwandte oder Bekannte jederzeit bestätigt werden. Es als streitig zwischen den Eltern zu bezeichnen ist eine Verharmlosung der unwahren Aussage der Mutter.

Es ist unwahr, dass der Vater es begrüßt, wenn der neue Partner der Mutter die Übergabe allein macht. Das wäre nicht in Ordnung, bestenfalls als begründete Ausnahme, und er hat es bisher auch nicht gemacht. Es ist also unwahr, dass das bereits erfolgt sei. Auch darüber sollte es jeweils Einvernehmen geben, das die Verfahrensbeistands-Anwältin hier nur vorgaukelt.

Also die alleinige Übergabe durch den neuen Partner wurde bisher nicht praktiziert und sollte so auch nicht aufgenommen werden. Hier fordert die Verfahrensbeistands-Anwältin etwas auf Grund falscher Annahmen.

Die Verfahrensbeistands-Anwältin unterstellt falsch mit Argumenten und Schlussfolgerungen, dass Moritz bei der Mutter lebt. Das ist unwahr, denn Moritz lebt im Wechselmodell in gleichem Umfang bei beiden Eltern an beiden Orten.

Die Darstellung der „Freizeitaktivitäten" mit Moritz ist insgesamt sehr dürftig im Bericht der Verfahrensbeistands-Anwältin. Beim Vater und den Großeltern wird er in die Tagesabläufe einbezogen, was seinen hohen Entwicklungsstand erklärt. Und es gibt auch viele ausgiebige reine Freizeitaktivitäten mit ihm außer Haus, ganz abgesehen davon, dass er sowohl beim Vater als auch bei den Großeltern je etwa 150 qm Raum und zusätzlich große Terrassen und Garten mit viel Spielzeug zur Verfügung hat

und dabei immer jemand für ihn da ist, wenn er es wünscht.
Er entscheidet ganz allein, in welchem Raum, mit welchem Spielzeug und mit welcher Person er spielen möchte oder ob er im Haushalt helfen möchte.
Es ist schon sehr verharmlosend, wenn von einem Unterschied im Erziehungsstil gesprochen wird. Die Androhung und Ausführung von rechtswidriger körperlicher und seelischer Gewalt durch die Mutter und ihren neuen Partner kann ja wohl kaum als Erziehungsstil bezeichnet werden. Das darf in keiner Weise billigend in Kauf genommen werden.
„Konsequenz und Berechenbarkeit" bedeuten in Wahrheit hier einen physischen und psychischen Käfig. Das gleiche verbirgt sich hinter „festen Regeln".
Auch einem dreijährigen Kind kann man situationsbedingte Regeln erklären und nachvollziehbar begründen, da sollten keine Strafen und Schläge angedroht oder erteilt werden. Hinter „regelresistent" verbirgt sich die Tatsache, dass Moritz es in der Woche beim Vater gewohnt ist, Kind gerechte Diskussionen zu führen und gemeinsam mit Vater oder Großeltern zu entscheiden. Er wehrt sich mit seinem Verhalten bei der Mutter gegen die für ihn nicht nachvollziehbare Strenge ohne Argumente. Dabei ist „ich will das nicht" kein zulässiges Argument. Argumente bedürfen nachvollziehbarer Begründungen.
Bei der Mutter herrscht Gewalt bei Ungehorsam, beim Vater ist Erziehung die Begleitung ins Leben durch Vorbild und Selbstständigkeit. Auch ein dreijähriges Kind darf und muss erleben, dass die Bezugspersonen nicht immer Recht haben oder behal-

ten müssen. Zudem dürfen nachvollziehbare Regeln nicht nach Beliebigkeit eingesetzt werden, sondern müssen nachhaltig gelten.

Die typische in solchen Umgebungen verharmlosende Aussage „nur Klaps auf die Finger" offenbart, dass Moritz dort sehr wohl geschlagen wird. (Es ist zu erwähnen, dass der neue Partner schon in den von ihm erwähnten Discojahren bei Konflikten zu Lösung durch Gewalt neigte, was das Wort Klaps deutlich relativiert) Das ist und bleibt rechtswidrig und ist dem Vater und den Großeltern unerträglich. Bis zur Trennung haben Vater und Großeltern das Schlagen von Moritz täglich mehrfach innerhalb weniger Stunden des Zusammenseins erlebt. Die Mutter hat sicher nicht weniger geschlagen, wenn sie mit Moritz allein war, was glücklicherweise vor der Trennung nur selten vorkam. Der Großvater hat dies zum Zeitpunkt der Trennung dem Jugendamt in B. mitgeteilt, die waren aber an diesem Hinweis nicht interessiert.

Ein Beispiel für erfolgreiche Erziehung zur Selbstständigkeit durch den Vater ist, dass Moritz im Wechselmodell in den Wochen in B. seit 9 Monaten tagsüber keine Windeln mehr trug, und nach weiteren zwei Monaten selbstständig aufs Töpfchen ging. Bei der Mutter war dies erst ca 6 Monate später erreicht, vorher hat sie Moritz mit Windel übergeben und eine Windel bei Abholung nachdrücklich gefordert.

Dieser Unterschied im Verhalten von Moritz lässt auf eine Stresssituation bei der Mutter schließen.

Dafür gibt es noch einen weiteren Hinweis. Kurz nach der Trennung trat bei Moritz ein hartnäckiger Ausschlag auf der rechten Wange auf. Dieser verschwand jeweils innerhalb von ein bis zwei Tagen während des Aufenthalts beim Vater vollständig, war dann 14 Tage später bei Abholung bei der Mutter wieder vorhanden. Die Hautärztin konnte keine Ursache feststellen und vermutete eine Stress-Situation des Kindes bei der Mutter. Mehrmals war zu beobachten, dass bei der Abholung durch die Mutter noch beim Haustürklingeln die Wange in Ordnung war, nach zwanzig Minuten Weigerung von Moritz, mitzugehen, aber die Wange wie ein Flash mit roten Punkten übersät war.

Die Betonung, dass die Mutter allein in der Küche raucht, impliziert, dass Moritz in den restlichen Räumen der Wohnung mehrfach am Tag ohne Aufsicht ist.

Es ist unwahr, dass ihr neuer Partner zu deeskalieren versucht. Mindestens zweimal hat er beim Betreten der Wohnung des Vaters diesen im Beisein von Moritz verbal laut und heftig ohne jeden Anlass angegriffen, zum Beispiel der Lüge gegenüber dem Jugendamt bezichtigt. Meistens stehen Mutter und er bei der Übergabe unbeweglich herum. (Ebenso beleidigende Beschimpfungen per SMS als Reaktion auf Mediationsversuche des Vaters).

Es gab große Ehestreitigkeiten, weil der Vater das Nachtleben gegen ein Familienleben tauschte, während die Mutter sich ohne das Weggehen unzufrieden fühlte. Sie wollte Moritz schon im 1. Lebensjahr zu Festivals mitnehmen, sagte, sie wolle ein Festivalkind aus ihm machen, was der Vater strikt ablehnte.

Es ist eine ungeheure Unwahrheit, dass man dem Vater ab und zu eine durchzechte Nacht ansieht, bestenfalls Müdigkeit nach einer durchgearbeiteten Nacht, wie es so ist bei Selbstständigen.

Den von der Verfahrensbeistands-Anwältin hervorgehobenen hohen Entwicklungsstand von Moritz hat er in erster Linie durch die Förderung beim Vater erreicht. Es gibt Beispiele, wie die Mutter Kenntnisse von Moritz mit falscher Korrektur wieder vernichtet.

Der erwähnte Körpersprachenkontakt zwischen Mutter und Kind deutet darauf hin, dass Moritz sich aus Angst ständig rückversichert, ob Schläge zu erwarten sind. Er vermeidet es, der Mutter den Rücken zuzuwenden, weil er kein Vertrauen in ihr Verhalten hat.

Zu der Bemerkung, dass auf direkte Fragen an Moritz wegen seines Alters verzichtet wurde, stellt sich die Frage, warum die Verfahrensbeistands-Anwältin das Kind in Gegenwart der Mutter beobachtet und befragt hat, das aber beim Vater abgelehnt hat.

Was bedeutet die widersprüchliche Darstellung, dass sich Moritz schwerer vom Vater trennt, aber Körperkontakt schnell unruhig beendet? Er darf diesen Kontakt jedenfalls völlig frei suchen und beenden. Bei der Mutter (bei der Abholung bei ihr zu beobachten) wird Moritz zu einem engen Körperkontakt zur Mutter und zu ihrem Partner aufgefordert und lässt ihn eher widerwillig über sich ergehen. Bei der Abholung beim Vater suchen Mutter und ihr Partner dagegen keinen Körperkontakt zu Moritz.

Zur Vorhaltung, dass weder Vater noch Großvater in der Kanzlei es schafften, Moritz in Grenzen zu weisen oder nachhaltig zu beschäftigen, ist zu bemerken:

Moritz wird bei ihnen nicht in einem Käfig gehalten. Da die Verfahrensbeistands-Anwältin eingeladen hatte, „um Moritz in seiner Umgebung zu beobachten", was schon an sich eigenartig ist in einer Anwaltskanzlei, hielt es der Großvater nach einer dreiviertel Stunde ruhigen Spielens mit Moritz nicht für unangebracht, diesen mal einen Blick auf die Anwältin werfen zu lassen und ihm zu zeigen, wo, was und mit wem sein Vater gerade macht, auch in Erwartung, dass er gleich sicher dazu gerufen würde, was die Anwältin aber ablehnte. Auch fand das Treffen unmittelbar nach Moritz Mittagsschlaf statt, d.h. er hatte selbstverständlich Bewegungsdrang - kein Erzieher und kein Kindergarten zwingen die Kinder nach der Mittagsruhe zu einem einstündigen Stillsitzen.

Es ist unverschämt, dem Vater und dem Großvater Überforderung in der Erziehung von Moritz zu unterstellen, nur weil die Verfahrensbeistands-Anwältin offensichtlich kein Verständnis für Erziehung durch Vorbild, Lob und Selbstständigkeit hat, deren Erfolg sich aber deutlich in Moritz Entwicklungsstand widerspiegelt.

Wenn sie von 4-Wort-Sätzen redet (Gespräch während Aufenthalt bei der Mutter) ist dies eher enttäuschend, da für ihn 6-Wort-Sätze schon lange die Regel sind - zumindest in den Betreuungswochen des Vaters.

Es ist sicher sehr mühsam und lässt Moritz sehr selbstbewusst handeln. Hier haben starre Regeln ohne nachvollziehbare Begründung keinen Platz.

Die Formulierung „beide Elternteile bieten eine zusätzliche Betreuungsperson an" unterschlägt, dass die Großeltern seit Geburt von Moritz wichtige Bezugspersonen sind und nicht irgendeine Betreuungsperson.

Auch unterschlägt es, dass der neue Partner gerade nicht spontane Hilfe bieten kann. Weder kann er kurzfristig seinen Schichtplan ändern noch kann er während einer Schicht mal schnell 60km fahren um einzuspringen.

Die Bemerkung, dass Moritz tendenziell eher eine Bindung zur Mutter sucht, kann nicht nachvollzogen werden, gerade deshalb nicht, da die Verfahrensbeistands-Anwältin zuvor erwähnte, dass Moritz mehr Nähe zum Vater sucht als zur Mutter. Auch die Beobachtungen bei den Übergaben und Aussagen von Moritz über seine Aufenthalte bei der Mutter sprechen eine andere Sprache.

Es kann nicht sein, dass der neue Lebenspartner bei den Übergaben keine Auffälligkeiten bemerkt hat.

Es ist sehr wichtig für Moritz, dass er sich mit dem derzeitigen Partner seiner Mutter gut versteht, denn die hat wenig Interesse an ihm und lässt ihn so oft wie möglich durch andere betreuen. Deshalb wird Moritz immer versuchen, in der Umgebung der Mutter eine weitere Bezugsperson für sich zu finden.

Da insbesondere die Mutter Kommunikation oder Kompromisse ablehnt, nur die Übernahme ihrer Vorschläge akzeptiert, keinen Kontakt zu den Großeltern und Cousinen sucht, liegt die Kommunikationsunfähigkeit eher bei der Mutter. Der ständige Aufenthalt bei ihr würde daher Moritz aus seiner Familie reißen.

Es ist allerdings nicht wahr, dass überhaupt keine Kommunikation möglich war oder stattgefunden hat. Die Eltern haben sich häufig über Änderungen bei Terminen und der Betreuungszeiten besprochen und schnell geeinigt. Allerdings blockt die Mutter viele Themen wie Einigungen über gemeinsame Kosten oder medizinische Versorgung des Kindes ab.

Weitere Beispiele für ihre Kommunikationsunfähigkeit und ihre Einigungsunwilligkeit sind ihre einseitige rechtswidrige Ummeldung von Moritz nach W.. Sie hat außerdem bei Firmen und Behörden ihre Anschrift als die der Firma und des Vaters ausgegeben und geändert, so dass Post an den Vater oder die Firma nicht zugestellt wurden. Sie hat den Kleinkinderplatz im Kindergarten am Wohnort des Vaters abgemeldet.

In erster Linie ist die Mutter unfähig oder nicht bereit, Konflikte zu lösen. Sie hat nicht wirklich wie behauptet die Hilfe Dritter gesucht, sondern sie ist jeweils ab- und weiter gesprungen (Kinderschutzbund, Jugendamt, Psychologe, Kinderschutzzentrum), wenn sie nicht auf Zustimmung für ihre Lösung stieß. Das können die beteiligten Stellen sicher jederzeit bestätigen.

Die Verfahrensbeistands-Anwältin schlägt einen Antrag auf Erziehungshilfe bei der Mutter beim gemeinsamen Jugendamt vor. Da das Jugendamt Wohnort bezogen ist, gibt es nicht wirklich ein gemeinsames Jugendamt. Nur weil das Jugendamt in B. nicht mehr bereit war, die Eltern zu beraten und sich aus den Gesprächen ausgeklinkt hat und die Richterin ihn darum bat, hat der Vater die Beratung und Moderation durch das Jugendamt in W. akzeptiert. Dies war ein freiwilliges Entgegenkommen des Vaters.

Es ist nicht nachvollziehbar, dass die Verfahrensbeistands-Anwältin für die Mutter Hilfe bei der Erziehung (durchs Jugendamt) fordert und gleichzeitig feststellt, dass Moritz zur Mutter soll. Soll Moritz ein Übungsobjekt für die Mutter sein? Das darf man dem Kind nun wirklich nicht antun. Das spricht doch gerade für den ständigen Aufenthalt beim Vater.

Wenn die für die Kindererziehung notwendige Reife der Mutter in Frage steht, kann das Kind doch gerade nicht ausschließlich ihr anvertraut werden.

Es ist nicht wahr, dass die Mutter ein glaubhaftes Betreuungskonzept vorlegt, der Vater aber nicht. Es ist eher umgekehrt. Da ihre Erziehung auch das Schlagen und rigorose Bestrafen des Kindes einbezieht, ist das Kindeswohl bei ihr gefährdet.

Der Vater baut sein Betreuungskonzept nicht auf dem Opa auf, sondern auf eine flexible Arbeitsgestaltung, die er als Selbstständiger frei einrichten kann. Die Großeltern sind eine Option vor Ort bei Terminkonflikten, die möchte Moritz sowieso immer mal wieder um sich haben.

Es ist eine Unmöglichkeit, wie die Verfahrensbeistands-Anwältin die Berufstätigkeit des Vaters diskriminierend beschreibt, nur weil sie keine Ahnung von dieser Branche hat.

Der Vater wird für seine Aufträge Unterauftragnehmer verpflichten, so dass er als Auftragsvermittler überwiegend Büroarbeit daheim macht. Das war bereits vor der Geburt von Moritz eine Zeit lang so. Also der Wechsel zwischen Selbstwahrnehmung eines Auftrags mit Mitarbeitern oder Weitergabe an Unterauftragnehmer kann der Vater so steuern, dass er die Betreuung von Moritz sicherstellen kann. Das

ist kein vages, sondern ein ganz konkretes Konzept, das in der Vergangenheit so schon mal erfolgreich betrieben wurde.
(Im derzeitigen Wechselmodell ist der vierzehntägig jeweils festgelegte direkte Arbeitseinsatz besser zu planen als die Übertragung an Unterauftragnehmer, die eine täglich spontane Organisationsunterstützung brauchen. Wenn Moritz ständig beim Vater lebt und den Kindergarten besucht, ist dagegen tägliche Büroarbeit leicht, feste Arbeitseinsätze aber schwerer zu realisieren. Daher die angedeutete Veränderung der Arbeitsweise, die die tägliche Betreuung von Moritz sicherstellt.)

Genauso voller Vorurteile ist die Darstellung der Wohn- und Lebenssituation beim Vater. Der Vater hat übrigens mehrfach das Jugendamt aufgefordert, die Wohnverhältnisse von Moritz bei ihm zu besichtigen und zu begutachten. Das hat das Jugendamt als unnötig abgelehnt.
Während der derzeitige Partner der Mutter von der Verfahrensbeistands-Anwältin befragt wurde, wurden die Großeltern ausdrücklich nicht befragt. Das ist eine einseitige Sicht und Beweislage.
Für die Unterstellungen und unwahren Aussagen und Behauptungen der Verfahrensbeistands-Anwältin werden keine Beweise seitens des Verfahrensbeistands erwähnt.
Es sind fast alles Zitate der einseitigen Aussagen der Mutter.
Keine Aussage der Mutter oder ihres derzeitigen Partners werden in Frage gestellt, aber die Aussagen des Vaters werden zum Vorteil der Mutter fehl interpretiert.

Eine neutrale Haltung des Verfahrensbeistands nur mit Blick auf das Wohl des Kindes ist nicht zu erkennen. Sie ist offensichtlich befangen in der Grundeinstellung „das Kind gehört zur Mutter".
Ende der Stellungnahme.

Am Samstag bekommen der Vater und Moritz nachmittags Besuch einer Bekannten mit ihrer achtjährigen Tochter, auch die 17jährige Tochter mit Freund sind dabei. Anschließend spielt Moritz noch mit seinen Cousinen bei den Großeltern.
Moritz ist schonend aber ehrlich darauf vorbereitet, dass ihn morgen die Mama abholt, er will aber nicht zu ihr, er kündigt an, dass er beim Abholen weinen wird.

Neununddreißigste Woche Wechselmodell
Am Sonntag holen die Mutter und Karl um 11 Uhr Moritz ab. Er klammert am Vater, wehrt sich mit Strampeln, Schreien und Weinen bis ins Auto.
Es kommt später ein Fax von der Anwältin der Mutter, sie weist alle Richtigstellungen des Vaters zurück, tischt neue Lügen auf, hat vieles offensichtlich nicht verstanden.
Hier Auszüge (*kursiv*) aus der Stellungnahme der Anwältin mit Kommentaren des Großvaters

- *Eine Betreuung ist dem Kindsvater wegen seiner Selbstständigkeit nicht möglich ohne Dritte*
  Gerade wegen der Selbstständigkeit gut möglich, ergänzt durch weitere Bezugspersonen wie Großeltern und Tante von Moritz.
- *Der Vater des Kindsvaters wohnt 1 km entfernt*
  500 m, zu Fuß auch für Moritz kein Problem
- *Die Kindesmutter ist mit dem Vorschlag des Verfahrensbeistandes einverstanden*
  der Verfahrensbeistand folgt ja auch ihren Behaup-

tungen und Forderungen in allen Punkten, vertritt
eher die Mutter als das Kind
- *Die Kindesmutter ist einverstanden, beim Jugendamt einen Antrag auf Hilfe zur Erziehung zu stellen*
Warum sollte sie dem nicht zustimmen? Immerhin wird es ihr nahegelegt, beim Vater ist aber nach allgemeiner Meinung unnötig
- *Das Gespräch des Verfahrensbeistands mit Moritz wurde nicht im Beisein der Mutter geführt*
Es fehlt trotzdem das Gespräch mit Moritz in der Vater-Woche
- *Das ruhige Verhalten Moritz bei der Kindesmutter zeigt, dass es deren Erziehungsregeln kennt*
Es hat Angst vor der Mutter!
- *Bestritten wird, dass der Großvater bei jeder Übergabe dabei war*
Von den ca 30 Übergaben war der Großvater zweimal vereinbart ganz allein, zweimal war Besuch da (mit Kindern, auch den Patenkindern), deshalb war der Großvater nicht zusätzlich dabei
- *Bestritten wird, dass die Termine beim Jugendamt von der Mutter abgesagt wurden*
Die Mutter hat die Gespräche als sinnlos bezeichnet und ist einmal ohne Absage nicht erschienen
- *Moritz wird zu 95% von den Großeltern betreut, wenn er beim Vater ist, das geht aus dem Tagebuch des Großvaters hervor*
Im Verfahrensantrag vom Mai war von 80% die Rede, wieso wurde es mehr? Die Tagebucheinträge bezogen sich allerdings auf die zwei Lebensjahre Moritz bis zur Trennung . Moritz war damals ein Drittel (33%) der Zeit bei den Großeltern, wenn beide Eltern gearbeitet haben. Die Mutter hat zusätzlich oft Moritz zu den Großeltern gebracht,

wenn nur sie nicht gearbeitet hat.
Ab dem Wechselmodell hatte Moritz in den Mutter-Wochen gar keinen Kontakt mit den Großeltern, in den Vater-Wochen war Moritz in Summe maximal 2 Tage pro Woche mit den Großeltern zusammen, aber dann die Hälfte der Zeit beim Vater. Seit dem Wechselmodell ist Moritz also in 14 Tagen 2 Tage mit den Großeltern zusammen (15%), aber nur 7% mit den Großeltern allein. Die Großeltern haben zeitintensive gemeinsame Hobbys, der Großvater noch viele Hobbys zusätzlich, sie könnten die behauptete Zeit von 95% niemals aufbringen, sind aber bei Bedarf beliebig flexibel.

- *Auch erfolgte gegenüber Kindesmutter und Lebenspartner eine Aussage des Vaters, dass sich Moritz zwei bis dreimal pro Woche bei seinen Eltern befinde*

  auch das wären niemals 95%, siehe oben, aber nicht befinden, sondern zusammen sein, und stundenweise, nicht tageweise, oft gemeinsam mit dem Vater

- *Die Mutter hat nur wegen ihrer Arbeitstätigkeit nach der Trennung anfänglich Moritz zu den Großeltern gebracht.*

  Direkt nach der Trennung hat die Mutter Moritz einen Aufenthalt beim Vater verweigert, deshalb hat sie ihn arbeitsbedingt zu den Großeltern gebracht, wo er dann auch mit dem Vater zusammen war. Nach ein paar Wochen hat sie ihn dann dem Vater gebracht und den Umgang mit den Großeltern verweigert. Daraufhin hat der Großvater darauf verwiesen, dass die Großeltern Bezugspersonen für Moritz sind und er Anspruch auf den Umgang mit ihnen hat und dass es mindestens zwei Tage sein

sollten, um den Umfang vor der Trennung wieder herzustellen.
- *Keinesfalls hat die Kindesmutter behauptet, sie hätte eine feste Anstellung, sondern nur gesagt, sie suche sich eine feste Anstellung sobald Moritz bei ihr lebt*
Doch hat sie, das war ihre Begründung dafür, dass Moritz mindestens für die Mutter-Woche einen Kindergartenplatz braucht, also genau umgekehrt
- *Richtig ist, dass es seit 8 Monaten eine feste Beziehung gibt zwischen der Mutter und ihrem jetzigen Partner*
Seitdem war der bei den Übergaben dabei, sie hat sich aber verbeten, von einer Beziehung zu reden
- *Richtig ist, dass die Mutter und ihr Partner zusammenziehen möchten*
Es wurde aber so dargestellt, als sei es schon jetzt eine zusammenlebende Patchwork-Familie.
- *Im Hinblick auf den Kindergartenplatz in B. war dieser angedacht, wurde aber nie beantragt*
Doch wurde beantragt, der Großvater kann ihre Unterschrift und die Anmeldung beim Kindergarten und die Zusage spätestens ab dem dritten Geburtstag bezeugen.
- *Keinesfalls kannte die Mutter alle Anwesenden beim Runden Tisch, aber beide kannten den Jugendamtsmitarbeiter*
Beide kannten den Jugendamtsmitarbeiter durch gemeinsame Gespräche beim Jugendamt. Die Mutter kannte aber zusätzlich bereits durch Gespräche den Verfahrensbeistand und Frau W. Der Vater hat sich dann unmittelbar um Gespräche bei diesen beiden Damen bemüht.

- *Energisch bestritten wird, dass die Mutter die Gespräche beim Jugendamt-Psychologen abgesagt hat*
  Die Mutter hat die Gespräche als sinnlos bezeichnet, ist auf die Moderation und Mediation des Psychologen nicht eingegangen, dadurch war eine weitere Terminvereinbarung fragwürdig.
- *Richtig ist, dass die Übergabe bisher nie allein an den Partner der Mutter erfolgte*
  na also, geht doch.
- *Die Angaben des Kindesvaters zu den Übergaben sind völlig falsch. Moritz versucht die Übergaben an die Mutter hinauszuzögern, um spielerisch Mama und Papa zusammenzubringen.*
  a) wenn die Mutter klingelt, unterbricht Moritz sein Spiel, rennt weg vom Eingang, versteckt sich oder klammert am Vater und wiederholt „nicht zu Mama" und vermeidet den Kontakt mit der Mutter. Der Mutter gelingt das auch nicht. Zusammenbringen sieht anders aus.
  Die besseren Übergaben an den Vater sind fröhlich und kurz, weil die Mutter Moritz Kind gerecht auf die Termine vorbereitet.
- b) Warum versucht Moritz bei der Übergabe von der Mutter nicht auch, die Übergabe zu verlängern und die beiden spielerisch zusammenzubringen? Dort rennt er zu seinem Vater und stürmt dann aus dem Haus (nur weg?).
- *Es ist wohl kaum möglich, dass ein dreijähriges Kind im Auto die Gegend erkennt und darauf reagiert*
  Doch, Moritz kann das schon lange
- *Ein Dachfenster im Kinderbereich war nie geplant*
  Die Pläne für das Dachfenster liegen dem Verfahrensbeistand vor, die Durchführung musste bei der

Trennung aus finanziellen Gründen verschoben werden. In den Monaten vor der Trennung war die Mutter überwiegend mit ihrem Bruder zusammen, so dass sie Familiendinge möglicherweise verdrängt hat.
In der Wohnung gibt es zwei Emporen, die tiefere war der Schlafbereich der Eltern, er wurde zum Kinderbereich und der Schlafbereich auf die obere Empore verlegt, da die als Kinderbereich weniger gut geeignet schien. Dieser Tausch/Umbau fand im ersten Lebensjahr Moritz statt.

- *Falsch ist, dass die Mutter einen Umzug zur Familiengründung angekündigt hat*
  Die Gründung einer Patchwork - Familie mit ihrem derzeitigen Partner und baldigem Zusammenzug in einer größeren Wohnung wurde vom Verfahrensbeistand sehr eindringlich dargestellt.
- *Es wird darauf hingewiesen, dass nunmehr die Kindesmutter Moritz zum Kindergarten in W. angemeldet hat*
  Sie hat zusätzlich zu dem in B. vorhandenen Kindergartenplatz einen weiteren in W. angemeldet, nachdem sie mit falschen Behauptungen einen Eilantrag durchgesetzt hat, um die Unterschrift des Vaters zu ersetzen. Dieses Vorgehen war fragwürdig und unnötig.
- *Auch der Kindsvater wurde von seiner Mutter streng und mit Schlägen erzogen und hat selbst auch Moritz geschlagen*
  Unglaubwürdig. Wieso ist die Kindern angeblich alles durchgehen lassende Oma eine strenge Mutter gewesen?
  Unabhängig davon wurde in der Familie des Vaters

seit Generationen nie geschlagen, schon lange vor einem gesetzlichen Verbot.

- *Soweit von Schlägen die Rede ist, muss darauf hingewiesen werden, dass es sich nur um einen Klaps auf den Po handelt*

„Klaps" ist die übliche Verharmlosung bei schlagenden Eltern. Der Großvater hat das Schlagen des Kindes durch die Mutter und ihre Eltern lange beobachtet und kritisiert und war zum Zeitpunkt der Trennung gerade im Begriff, das Jugendamt zu informieren.

Verharmlosung durch die Mutter ist der richtige Vorwurf, nicht Aufbauschen durch den Vater. Dem Großvater gegenüber hat die Mutter das Schlagen immer verteidigt und auch gegenüber dem Psychologen, auch ihr Partner hat es als richtig bezeichnet.

- *Selbstverständlich hat der Kindesvater ein Kommunikationsproblem, er gibt keine Informationen, sondern beschimpft die Mutter nur*

Die Mutter beginnt Gespräche immer mit unangebrachten Forderungen oder Verweigerung von Informationen ohne Gründe zu nennen, der Kindesvater fragt mit Recht nach und äußert seine Meinung, in aller Ruhe. Verbale Angriffe gegen den Kindesvater erfolgten dagegen mehrmals durch den Partner der Mutter.

- *Im Hinblick auf seine damalige Tätigkeit hat der Kindesvater über lange Zeit alle Arten von Drogen konsumiert noch bis zur Trennung*

Was ist mit „damaliger Tätigkeit" gemeint? Vielleicht die Zeit vor der Partnerschaft?

Wenn er während der Ehe bis zur Trennung Drogen- und Alkohol abhängig gewesen wäre, dann hätte er ja nach dem Schock durch die Wegzug und die Trennung von seinem Kind erst recht darin versinken müssen. Das ist aber nachweislich nicht so.

- *Im Hinblick auf den Namenwechsel von Moritz auf Franz wird darauf hingewiesen, dass Moritz vier Vornamen hat, an die ihn die Kindesmutter gewöhnen wollte*
  Es stellt sich schon die Frage, warum wegen Übens der vier Namen die Mutter wochenlang ausschließlich den vierten Namen Franz benutzt und amtlich verwendet hat. Jedenfalls war auch das Jugendamt verwirrt, und hat zunächst nicht den Rufnamen Moritz gekannt. Die Mutter hat wochenlang nur Franz zu ihm gesagt, ganz besonders betont bei heftigem Schimpfen. Fröhliches Üben sieht anders aus.

- *Völlig falsch ist die Behauptung über den Kontakt mit Patenkindern des Vaters*
  Die Mutter wollte die Kontakte mit der Familie der Patenkinder nicht, deshalb hat der Vater viel darauf verzichtet, das dann aber nach der Trennung auf das vorherige Niveau wieder intensiviert. Über das Vorher und Nachher kann die Kindesmutter aber keine Aussagen machen.

- *Bei der Kindesmutter gibt es selbstverständlich Kontakte zu gleichaltrigen Kindern*
  Zu welchen Kindern? Die Mutter ist über die Kinder in der Umgebung/Familie des Vaters informiert, kennt sie auch. Der Vater hat keine Informationen über Kinder in der Umgebung der Mutter. Sie streitet die Kontakte beim Vater wider besseres Wissen ab.

- *Bei der Geburtstagsfeier von Moritz war die erwähnte Verwandtschaft nicht anwesend*
  Hier geht aber einiges durcheinander, entweder hat die Mutter falsch berichtet oder die Anwältin nichts

verstanden. Die Patenkinder und Eltern werden vom Vater nicht als seine Familie bezeichnet. Seine Eltern, seine Schwester mit Partner und deren Kinder (Moritz Cousinen) waren anwesend, also die ganze Familie! Der Vater der Patenkinder war ohne seine Frau und seine Kinder anwesend, weil die im Urlaub waren. Das galt auch für das Kind eines weiteren bekannten Paares. Dadurch waren weniger Kinder anwesend als geplant. Allerdings kann die Kindesmutter sowieso darüber keine Übersicht haben, weil sie zu der fünfstündigen Geburtstagsfeier ihres Sohnes Moritz drei Stunden verspätet kam und nur eine Stunde blieb.

- *Bestritten wird, dass Moritz Kindergarten und Betreuerinnen in B. sehr gut kennt*
  Woher will die Kindesmutter das wissen? Und es ist wahr.
- *Abschließend wird darauf hingewiesen, dass die Stellungnahme des Verfahrensbeistandes nicht parteiisch ist*
  Doch, außerdem wäre es Sache des Verfahrensbeistands, das zu erklären.
- *Lediglich weil die Stellungnahme nicht dem Wunsch des Kindesvaters entspricht, wird versucht, einem dauernden Wechsel von Moritz zur Kindesmutter entgegenzuwirken*
  Es geht nicht darum, ob es jemandem gefällt, jemandes Wünschen entspricht, es geht allein um das Wohl des Kindes.

Am Dienstag ist der Gerichtstermin wegen Aufenthaltsbestimmungsrecht.
Die Großeltern, der Vater und ein Freund, die Schwester mit einer Cousine sind um 12 Uhr vor dem Gerichtsgebäu-

de. Kurz darauf kommen die Mutter mit ihren Eltern und Moritz. Um 12:30 soll Moritz befragt werden von der Richterin.
Moritz ist sofort jubelnd auf den Arm seines Vaters und klammert.
Die Mutter und ihre Eltern sprechen untereinander und zu Moritz nur tschechisch.
Vor und nach seiner Befragung will Moritz nur zum Vater oder zum Großvater, lehnt alle anderen, insbesondere die Mutter und ihre Eltern ab. Alle können es beobachten, aber die drei Frauen auf Seiten der Mutter (Verfahrensbeistand, Anwältin, Richterin) wollen es nicht sehen. Der Anwalt des Vaters hat es genau registriert.
Die Verfahrensbeistands-Anwältin interpretiert das Klammern beim Vater so, dass er verängstigt sei wegen der vielen Personen und der Enge. Erstens ist das Quatsch, aber wenn doch, warum dann nicht zur Mutter, zu der er doch angeblich eine viel engere und innigere Beziehung hat als zum Vater?
Die Mutter versucht mit Unterstützung der Verfahrensbeistands-Anwältin, dass ihre Eltern nach der Befragung von Moritz mit ihm heim fahren. Sie können das aber nicht durchsetzen, weil Moritz nicht vom Arm seines Vaters geht, die Verfahrensbeistands-Anwältin lenkt ein. Als der Vater Moritz dann auf den Boden stellt Richtung Eltern der Mutter, damit er zu diesen Großeltern geht, dreht er sich um und läuft zum Großvater väterlicherseits. Da die andere Seite diese Woche zu bestimmen hat, nimmt der ihn zwar auf den Arm, entscheidet aber nicht, irgendwohin mit ihm zu gehen.
Erst als die Mutter der Mutter aufsteht, um mit Moritz ins Spielzimmer zu gehen und Moritz aber nur mit seinem Großvater gehen will, geht der mit. Die Mutter der Mutter, die Schwester des Vaters und die Cousine sind dann mit

Moritz im Nebengebäude im Spielzimmer. Der Großvater ist mit Moritz Zustimmung (er hatte ja seine Cousine) schweren Herzens wieder zurück, denn die Betreuung lag diese Woche bei der anderen Familie und er war als Zeuge benannt. Irgendwann verlassen die Eltern der Mutter mit Moritz das Gerichtsgebäude, nur die Schwester des Vaters war dort anwesend, aber die haben miteinander und mit Moritz nur tschechisch gesprochen und sich nicht verabschiedet. Moritz wollte erst nicht, hat in die Tischplatte gebissen, hat sich dann verwundert umgeschaut, weil seine Tante und seine Cousine nicht mitkamen. Wahrscheinlich hat er angenommen, alle gehen zusammen essen oder was auch immer, er hat sicher nicht geahnt, dass er „entführt" wird. Ganz offensichtlich wollten die Mutter, ihr Anhang und die Anwältinnen vermeiden, dass es später eine öffentliche und heftige Abwehraktion von Moritz beim Gehen geben würde. Dieser gerissenen Familie ist es mit Hilfe der beiden Anwältinnen mal wieder gelungen, ihr schlechtes Außenbild zu verstecken.

Nach zwei Stunden dann das vorläufige Ergebnis, dass die Richterin noch diese Woche einen Beschluss bekanntgeben will, der wohl das Wechselmodell beendet, die Aufenthalte neu festlegt und wahrscheinlich 11 Tage : 3 Tage zu Gunsten der Mutter, einen Gutachter beruft.

In drei Monaten, wenn das Gutachten vorliegen soll, soll dann neu entschieden werden. Mehr konnte der Anwalt gegen die Phalanx der drei Frauen und den Jugendamtsmitarbeiter („bei der Mutter ist ein Kind am besten aufgehoben") nicht erreichen.

Die Richterin behandelt keine der Einzelheiten der Vorwürfe und Entgegnungen („Schlammschlacht"), eine Bewertung der Glaubwürdigkeit von Mutter, Vater und Verfahrensbeistands-Anwältin findet nicht statt.

Da die Richterin alle einzelnen gegenseitigen Vorwürfe und Erwiderungen vom Tisch gewischt hat, weil man die Vergangenheit ruhen lassen sollte und in die Zukunft schauen, hat sie die Chance vergeben, sich wirklich ein Bild von der Erziehungsfähigkeit der beiden Elternteile zu machen. Zusätzlich kamen weitere Gefährdungspotentiale für das Kind bei der Mutter nicht zur Sprache, weil die Richterin entsprechende Hinweise des Vaters gleich im Ansatz unterdrückt hat.

Die Richterin hat sich einen Vergleich der Umgebungen beim Vater und bei der Mutter verbeten oder unterbunden. Es wurde nicht die bessere Situation für das Kind gesucht, sondern jede mögliche Gefährdung bei der Mutter ohne weitere Erörterung ausgeschlossen.

Die Richterin bezeichnet durchgängig die Äußerungen der Mutter als Aussagen, die des Vaters als Behauptungen, wertet also unbegründet vorverurteilend die Glaubwürdigkeit der beiden.

Die ursprüngliche Begründung für den Antrag der Mutter war, dass sie ein festes Arbeitsverhältnis habe, sie deshalb nicht mehr 14täglich eine ganze Woche Moritz betreuen könne und daher den Kindergartenplatz braucht. Jetzt sagt sie vor Gericht über ihre Verhältnisse und Pläne, dass sie sich Arbeit suchen würde, sobald Moritz bei ihr im Kindergarten sei. Obwohl also in Wahrheit der Grund weggefallen ist, wird das von der Richterin nicht aufgegriffen. Obwohl das Ziel verändert wurde, verläuft die Verhandlung, als gelte es das alte Ziel zu ermöglichen.

Die Richterin hat es abgelehnt, einen Umgang mit den Großeltern zu regeln. Das ist ein klarer Verstoß gegen §1685 BGB. Zusätzlich passt es nicht zur derzeitigen politischen Diskussion, wonach sogar Großelternzeit eingeführt werden soll.

Das Gericht lehnt den eigenständigen Umgang von Moritz mit seinen Großeltern ab, obwohl die wichtige Bezugspersonen für ihn sind.
Die Richterin meint, der Kontakt könne ausreichend während der Umgangstage des Vaters erfolgen, deshalb sei keine eigene Regelung notwendig.

Richterin, Verfahrensbeistands-Anwältin und Jugendamt betreiben eine geradezu zwanghafte Unterstützung der Mutter, der Einzelfall oder wirklich das Wohl des Kindes werden gar nicht betrachtet.
Im Gegensatz zur politischen Diskussion, der rechtlichen Lage und neuen Grundsatzurteilen erfolgen Beschlüsse gegen das Wohl des Kindes, indem der Umgang mit den Großeltern, der offensichtliche Wille des Kindes, die Bildungsferne der mütterlichen Seite, die vorprogrammierte Landung in der Armutsfalle, nicht vorhandene Familienkontakte und viele Gefährdungen auf Seiten der Mutter nicht betrachtet und die entsprechenden Vorteile auf Seiten des Vaters nicht beachtet werden.
Nachteile bei der Mutter und Vorteile beim Vater werden vom Tisch gewischt, man konzentriert sich nur darauf, unter allen Umständen das Kind bei der Mutter leben zu lassen.
Obwohl der Vater umgekehrt die Mutter gar nicht verdrängen will, also gar nicht das alleinige Aufenthaltsbestimmungsrecht für sich fordert, sondern für eine Fortführung eines Wechselmodells plädiert, wird darauf überhaupt nicht eingegangen.
Von der Richterin wird eine Gutachterin vorgeschlagen. Die Anwältinnen und die Richter scheinen sie zu kennen, lächeln süffisant! Der Anwalt des Vaters besteht darauf, dass in den Gerichtsbeschluss ausdrücklich „lösungsorien-

tiertes Gutachten" geschrieben wird, damit er die Gutachterin andernfalls ablehnen kann.

Vater und Großvater suchen später im Internet nach der genannten Gutachterin, sie ist aber nicht zu finden.

Der Kindergarten in B. sagt eine Lösung zu für später, falls der Platz nach dem Gerichtsbescheid jetzt freigegeben werden muss.

Da kein neuer Gerichtsbeschluss schriftlich vorliegt, lässt sich der Vater vom Anwalt bestätigen, dass das Wechselmodell zunächst noch weiter gilt.

Vierzigste „Woche", letzte Tage Wechselmodell
Am Sonntag fahren Vater und Großvater zu 11 Uhr gespannt zu Wohnung der Mutter.

Sie sehen Karl mit Moritz und dem Go-Kart. Moritz begrüßt seinen Vater wie immer jubelnd. Sie gehen zusammen zur Haustür, die Mutter ist auch draußen. Übergabe ohne jede Verwunderung problemlos und ohne Diskussionen. Also war die Mutter darauf vorbereitet, dass das Wechselmodell noch gilt.

Moritz will zum Köfferchen Holen zunächst nicht zurück in die Wohnung, die sollen es zum Fenster raus reichen. Dann lockt ihn das selbst Aufsperren, er geht doch rein, ist aber gleich wieder mit Köfferchen außen und rennt los. Der Vater muss ihn einfangen, da noch kurz was mit der Mutter zu klären ist. Sie hat Kontakt mit einer Klinik wegen Paartherapie aufgenommen, der Vater soll mögliche Termine nennen. Die Mutter fordert Moritz zum Verabschieden auf, es ist ihm nicht wichtig, er macht es, aber kurz und knapp. Dann gehen Großvater, Vater und Moritz los.

Moritz ist abwechselnd bei den Großeltern und beim Vater. Montags Nachmittag telefonieren Vater und Mutter miteinander, sie teilt mit, dass der Beschluss vorliegt und sie Moritz dienstags Vormittag abholen wird. Der Vater appel-

liert an ihre angekündigte Großzügigkeit, sie solle deshalb Moritz doch bis zum Kindergartentermin am Mittwoch bei ihm lassen. Sie lehnt ab mit „das diskutiere ich nicht mit Dir, Du bist ja nicht zu einem Einvernehmen bereit". Einvernehmen ist in ihrer Sicht also, wenn man ihren Wunsch übernimmt. Das ist ihre vom Gericht gepriesene Bindungstoleranz und Kommunikationsfähigkeit.
Moritz hat es mitbekommen und verstanden! Er fragt, warum er zur Mama muss, wenn er gar nicht will und der Vater sagt ihm ehrlich, dass die Richterin das so entschieden hat und er nichts dagegen tun könne.
Andere objektive Gründe dafür gibt es ja auch nicht, es wurden vom Gericht auch keine genannt.

Der Gerichtsbeschluss ist als Fax da. Danach ist vorläufig (bis nach dem Gutachten) beschlossen, dass die Mutter das alleinige Aufenthaltsbestimmungsrecht hat, der Vater alle 14 Tage 3 Tage Umgang von donnerstags Nachmittag bis sonntags Nachmittag bekommt. Also 11 Tage die Mutter, 3 Tage der Vater. Moritz ist sichtlich heftig aufgewühlt, angespannt und geistig abwesend. Beim Spielen kommen immer wieder Ideen von ihm, wie er bleiben könnte. Er ist später nicht in sein Zimmer und sein Bett, sondern hat, erst nach 23 Uhr beim Vater im Bett geschlafen.
Der Umgang beginnt bereits übermorgen, also diese Woche ist noch sehr positiv für Moritz und den Vater.
Am Dienstag früh spielen Großvater und Vater gemeinsam eine Stunde mit Moritz, er tobt ausgelassen und fröhlich mit seinem Vater, trotz ernstem Gesicht lacht er viel. Er fragt ein paar Mal nach, dass nachher die Mama ihn holen kommt. Die Fröhlichkeit erstirbt schlagartig als es kurz nach 10 Uhr klingelt. Moritz springt sofort auf den Arm des Vaters, er klammert und weint. Schließlich ist er noch auf den Arm des Großvaters und weint weiter herzzerreißend.

Die Mutter rückt erst heute beim Abholen die Adresse und die Uhrzeit wegen Kindergarten morgen raus. Der Vater möchte Moritz zum Kindergarten morgen früh zu Fuß begleiten. Der Mutter ist das nicht recht.
Die Mutter beschuldigt den Vater, nur Lügen und Vorwürfe gegen sie zu machen. Sie meint damit ausschließlich die Richtigstellungen zu ihren Behauptungen. Was ist das für eine Sichtweise von Lügen. Während sie schimpft sagt sie „müssen wir das immer vor dem Kleinen austragen?".
Dann verspricht der Großvater Moritz, dass er mit dem Tanken des Autos wartet bis er wieder hier ist. Da wird er ruhiger, schaut glücklich, dann spricht der Vater den Kindergarten morgen früh an und wie aus der Pistole geschossen ruft er „Papa kommt mit und Opa auch?" und auf das „Ja" grinst er von Ohr zu Ohr. Dann lässt er sich auf den Boden stellen und marschiert tapfer los, bleibt aber auf der Treppe stehen mit der klaren Ansage „Papa Moritz anschnallen". Eigentlich wollte nach dem Gerichtsbeschluss der Vater keinen Finger mehr rühren, um der Mutter bei der Übernahme zu helfen, die wieder wie ein Denkmal da steht.
Aber dann hat er Moritz zuliebe doch nachgegeben. Moritz sitzt dann ganz still und traurig im Auto und winkt dem Großvater und dann dem Vater ununterbrochen zu, und der Großvater heult auf offener Straße während Moritz ihm direkt so traurig in die Augen schaut.
Der Vater prophezeit, dass die Mutter morgen früh einen Vorwand mitteilen wird, doch mit dem Auto zu fahren, sie würde nie und nimmer zum Kindergarten laufen.
Das war also das letzte Mal, dass die Mutter Moritz holen musste, also eigentlich für die Übergabe und das Mitnehmen verantwortlich war, obwohl sie immer nur mit den Händen in den Hosentaschen dastand und es dem Vater überließ, Moritz zum Mitgehen zu bewegen. Diese Verweigerungsszenen durch Moritz wird es also so nicht mehr

geben. Durch die gerichtliche Umstellung auf Umgang und damit verbunden der Auftrag an den Vater, sowohl das Holen als auch das Bringen zu übernehmen, hat die Mutter den gerichtlichen Segen, untätig dabei zu stehen. Der Vater wird durch massive gerichtliche Strafandrohung gezwungen, mindestens sanfte Gewalt anzuwenden, um Moritz der Mutter zu übergeben
Während bisher das Verstecken und Weigern von Moritz der Mutter angelastet werden konnte, ist es jetzt allein am Vater, den Sohn zur ungeliebten Mutter zu bringen.
Am Mittwoch fahren Großvater und Vater um 7:30 nach W., um Moritz in den Kindergarten zu begleiten.
Die Mutter ruft an, wegen des schlechten Wetters (es ist bewölkt, aufreißend) würde sie mit dem Auto fahren, Vater und Großvater treffen sie also vor dem Kindergarten.
Der Kindergarten und der Hof wirken dunkel und unfreundlich, kein Vergleich mit dem Kindergarten in B..
Moritz freut sich dann ganz offensichtlich, dass Vater und Großvater da sind (wie versprochen), fragt auch nach Opas Auto und kontrolliert, wo er steht.
Er wirkt gedrückt, aber er ist aufgeregt und neugierig, stürmt in den Kindergarten. Ganz offensichtlich kennen er, die Mutter und Karl alles und die Kindergärtnerinnen sehr gut.
Das hatte die Mutter im Gericht abgestritten und es umgekehrt dem Vater vorgeworfen. Der Vater wird von Karl abgedrängt (Bindungstoleranz?). Karl spielt sich voll als Vater auf, das tut dem Vater richtig weh, ebenso wie das knappe Verabschieden durch Moritz, aber der hat anderes im Kopf, allerdings verabschiedet er sich sehr herzlich von Karl, das tut dem Vater auch weh. Aber der Vater ist auf Augenhöhe, wird herzlich umarmt von Moritz, Karl bleibt stehen und hebt Moritz daher hoch, so nimmt man eigentlich keinen Kontakt zum Kind auf, aber offensichtlich ist

Moritz bei Karl nichts anderes gewohnt. Der Vater ist auf der Heimfahrt sehr geknickt, kaum aufzumuntern, er gibt alles verloren.
Damit ist nun das Wechselmodell beendet, Moritz bei der Mutter.
Er wird nun seine Cousinen höchstens noch alle zwei Wochen treffen.

Bisher erschienen
Band 5 – Vertauschte Rollen
Band 1 - Trennung und Kindesentzug
Band 2 – Im Wechselmodell
Band 3 – Keine Chance für den Vater

Bände 1-6 sind auch in einem Buch gesammelt erschienen:
„Neiiiin nicht zu Mama
– Kinder haben keine Rechte und Väter keine Chance".

In Vorbereitung
Band 4 – Das Wohl des Kindes
Band 6 – Beliebigkeit der Auslegung
Band 7 – Das Gutachten, eine Farce
Band 8 – Moritz leidet weiter
Band 9 – Es wird nicht besser für Mia
Band 10 – Das OLG lässt sich Zeit
Band 11 – Überraschende Wendung

Der Autor ist Naturwissenschaftler, in Hamburg geboren und aufgewachsen, und lebt in Süddeutschland.
Er hat mehrere Kinder und Enkelkinder und hat den Sorgerechtsstreit in der Familie eines guten Bekannten zum Anlass für diese Buchreihe genommen.

    Links und Kontakt zum Autor:
        www.neiiiin.de
        www.greatgreen.de

    eMail: martin.orack@greatgreen.de
    facebook: martin.orack